ME CASÉ CONTIGO, ~NO~ CON TU FAMILIA

ME CASÉ CONTIGO, NO CON TU FAMILIA

Dra. Linda Mintle

CASA
CREACIÓN
A STRANG COMPANY

La mayoría de los productos de Casa Creación están disponibles a un precio con descuento en cantidades de mayoreo para promociones de ventas, ofertas especiales, levanter fondos y atender necesidades educativas. Para más información, escriba a Casa Creación, 600 Rinehart Road, Lake Mary, Florida, 32746; o llame al teléfono (407) 333-7117 en Estados Unidos.

Me case contigo, no con tu familia por Linda Mintle
Publicado por Casa Creación
Una Compañia deStrang Communications
600 Rinehart Road
Lake Mary, Florida 32746
www.casacreación.com

A menos que se exprese lo contrario, todas las citas de la Escritura están tomadas de la Santa Biblia Reina Valera Revisión 1960 © Sociedades Bíblicas Unidas, 1960. Usada con permiso.

Las citas de la Escritura macadas (NVI) corresponden a la Santa Biblia, Nueva Versión Internacional © 1999 por la Sociedad Bíblica Internacional. Usada con permiso.

Las citas de la Escritura marcadas (DHH) corresponden a la Biblia de las Américas, Edición de Texto, © 1997 por The Lockman Foundation. Usada con permiso.

Las citas de la Escritura marcadas (RV95) corresponden a la Santa Biblia Reina Valera Revision 1995, Edición de Estudio, © Sociedades Biblicas unidas, 1995. Usada con permiso.

Nota de la autora: todas las referencias a clientes en este libro provienen de mi experiencia clínica de más de veinte años de conducir terapias en varios estados y lugares por el mundo. Los nombres, lugares y otros detalles de identificar, han sido cambiados o alterados para proteger la privacidad y el anonimato del compuesto de una cantidad de cleintes que comparten problemas similares y son igualmente protegidos con nombres e información cambiada para que permanezca la confidencialidad. Cualquier similitud entre los nombres y las historias de los individuos descritos en este libro y los individuos que conozcan los lectores es mera coincidencia y sin alguna intención.

Traducido por: Belmonte Traductores
Diseño de portada por: Judith MacKittrick
Diseño interior por: Grupo Nivel Uno, Inc.

Library of Congress Control Number: 2008921189
ISBN: 978-1-59979-412-9

Impreso en los Estados Unidos de América
08 09 10 11 12 * 7 6 5 4 3 2 1

Dedicatoria

A Norm, quien ha sido mi esposo por treinta y tres años. Tú has sido el modelo de Cristo en esta relación, y tu amor inagotable me abruma. Casarme contigo fue la mejor decisión que he tomado nunca. Te quiero.

A mis padres, Bill y Esther Marquardt, que fueron ejemplo de una relación igualitaria antes de que esto fuera culturalmente popular: Ustedes fueron el prototipo de cómo un hombre y una mujer profesionales pueden vivir juntos y criar una familia. Sus setenta y tres años de matrimonio es un logro. Gary, Dennis y yo fuimos bendecidos al crecer en una familia en la cual el divorcio nunca fue una opción ni una idea. Hemos sobrevivido a tribulaciones: cáncer, comas, la muerte inoportuna de mi hermano (e hijo de ustedes), infertilidad, mala salud, y más cosas. Nunca dudé que lo lograríamos como familia.

A mis tías y tíos (seis por parte de papá y siete por parte de mamá), quienes también han demostrado que el matrimonio puede durar toda una vida con un cónyuge: ustedes han proporcionado un legado de matrimonio, y no de divorcio.

A mi familia política, Harold y Bea Mintle: ustedes han demostrado el poder de Dios a lo largo de sus cincuenta y ocho años juntos. Yo he visto cómo la gracia y la misericordia de Dios han sido suficientes, y cómo un fundamento construido sobre la Palabra de Dios finalmente vence. Gracias por ser mi familia política que me ha querido y ha orado por nosotros.

A todas las parejas que han honrado sus pactos y que íntimamente me han permitido ocupar un lugar en sus vidas: Gracias por enseñarme y recordarme que el matrimonio es una unión santa sostenida por Dios.

Agradecimientos

Escribir un libro es una tarea imposible sin personas que te quieran y te apoyen. Esta ha sido una época increíblemente ocupada en mi vida, y fue solamente por el apoyo inquebrantable de mi esposo que llegué a terminar este proyecto. Gracias, Norm, por llevar a los niños al ballet, al fútbol y a eventos de la iglesia a fin de proporcionarme tiempo para escribir. Gracias por tu excelente contribución al editar el manuscrito. Eres increíble.

Gracias, Matt y Katie, por entender que mamá necesitaba tiempo para escribir. Ustedes nunca fueron una interrupción; fueron solamente un gozo. ¡La cuenta atrás ha terminado! Ahora regresamos a "las cosas normales de mamá".

Gracias al equipo de Charisma House, en especial a Barbara Dycus y Debbie Marrie, por todo el trabajo y el esfuerzo invertidos en este proyecto.

ÍNDICE

Introducción   **13**

1. **Mitos, mentiras y otros conceptos erróneos**............. 17

2. **Tres condiciones previas clave para evitar que su matrimonio descarrile** 25

3. **Escape y Evite** 33

   MITO 1:   El matrimonio es un contrato............. 33

   VERDAD 1:   El matrimonio es un pacto diseñado por Dios 36

4. **La familia importa** 51

   MITO 2:   ¡Me casé contigo, no con tu familia!.... 51

   VERDAD 2:   Uno no se casa solo con su cónyuge; obtiene un paquete completo 54

5. **Fantasías de rescate** 69

   MITO 3:   Yo puedo cambiar a mi cónyuge 69

   VERDAD 3:   Usted sólo puede cambiar su parte en el baile 74

6. **Cómo manejar conflictos** 89

   MITO 4:   Somos demasiado distintos................. 89

VERDAD 4:   La incompatibilidad o las diferencias no
matan una relación. Lo que cuenta es el
modo en que usted reconcilia esas
diferencias 97

7. **Alejamiento** 111

    MITO 5:   He perdido ese sentimiento de amor,
y se ha ido, ¡se ha ido, se ha ido! 111

    VERDAD 5:   Ese sentimiento de amor puede
ser restaurado 116

8   **Relaciones de género** 133

    MITO 6:   Un matrimonio más tradicional
nos salvará.. 133

    VERDAD 6:   La intención de Dios es la igualdad
entre géneros 138

9   **Falta de poder** 151

    MITO 7:   No puedo cambiar. Así soy; o lo tomas,
o lo dejas... 151

    VERDAD 7:   Yo puedo cambiar, pero requiere deseo,
obediencia y poder 164

10 **Infidelidad** 173

    MITO 8:   Ha habido una aventura amorosa.
Tenemos que divorciarnos 173

    VERDAD 8:   Las aventuras amorosas son graves
y dañinas, pero no están por encima de
la restauración y la reconciliación 188

11 **Gracia barata** 193

    MITO 9:   No importa lo que yo haga; Dios me
perdonará 193

VERDAD 9: Reciba la gracia de Dios con un
corazón arrepentido 202

12 Nada es imposible.. 207

MITO 10: Está demasiado rota; nada puede
arreglar esta relación........................... 207

VERDAD 10: Nunca es demasiado tarde porque
nada es imposible para Dios 225

Notas.. 250

Introducción

Las relaciones son trabajo duro. Surgen conflictos. Abunda el estrés. Las personas resuelven los problemas de modo diferente. Los valores varían. Las expectativas no siempre son realistas. Y seamos sinceros: la mayoría de nosotros aún estamos tratando de descifrar quiénes somos y qué necesitamos; mucho menos ocuparnos de cómo tratar con otra persona.

Aun así, avanzamos en la vida anhelando esa pareja perfecta. Aunque la intimidad con Dios es nuestro objetivo definitivo, también deseamos la experiencia humana de la intimidad. Cuando encontramos a nuestro cónyuge para toda la vida, la tara es edificar y sostener una relación a lo largo de los años. Para muchas parejas, esa es una batalla cuesta arriba; o bien nunca se desarrolla una verdadera intimidad, o bien se derrumba con el tiempo. Este libro está pensado para evitar ese derrumbe.

Hay demasiadas parejas que se separan por problemas que pueden arreglarse. Los números me alarman. Los problemas que pueden arreglarse normalmente implican a dos personas que dejan de gustarse el uno al otro y se separan. Al vivir en el mundo actual es fácil llegar a estar confundido acerca de quién es usted y cómo debieran funcionar sus relaciones. Sus fundamentos espirituales pueden volverse inestables y llenos de grietas; y cuando llega la presión, usted se derrumba. No sabe qué creer o qué hacer.

Las personas que se divorcian dicen a menudo: "Nunca pensé que me sucedería a mí". Nadie quiere que se produzca un divorcio, y pocas personas se casan creyendo que se producirá. Pero se produce, y el resultado es doloroso.

Este es un libro acerca de edificar relaciones sanas y evitar el divorcio. No tiene intención de condenar a quienes ya están divorciados.

Cuando las personas deciden que ya no quieren seguir estando casadas, algo las ha motivado a tomar esa decisión. La razón por la cual quieren separase puede variar, pero todas ellas tienen un rasgo común: mitos y mentiras se han infiltrado en sus pensamientos. Esas mentiras implican al yo, al cónyuge y a Dios. Una vez que se establece una mentira, finalmente se producirá la destrucción.

Este libro no es un manual sobre matrimonio, ni un programa bien formado para enseñarle nuevas técnicas. Es un supremo ataque frontal precisamente a lo que a menudo hace descarrilar hasta a los mejores matrimonios: los mitos. Los mitos sobre el matrimonio que nacen en la cultura actual y que son absorbidos en sus pensamientos; mitos sobre el matrimonio que van en contra de la verdad de Dios; mitos sobre el matrimonio que pueden aprisionar su mente y agotar sus relaciones, tanto que, con el paso del tiempo, usted ni siquiera reconoce que ha sido engañado.

Le escribo desde dos perspectivas. En primer lugar, yo soy una mujer que ha estado casada por treinta y tres años; he practicado el matrimonio por más de una cuarta parte de un siglo. No me casé con el hombre perfecto, ni tampoco yo soy la pareja perfecta; pero he aprendido unas cuantas lecciones a lo largo del camino. Cuando llegaron las dificultades, encontré mi camino de regreso a la verdad: la Palabra de Dios. He aprendido la necesidad de tener un fuerte fundamento, y usted también lo hará. También he aprendido la importancia de guardar mi mente. En segundo lugar, soy una experimentada terapeuta matrimonial y familiar. He escuchado a cientos de parejas con dificultades a lo largo de los últimos veinte años; cada historia, aunque única en su presentación, se vuelve asombrosamente familiar. En casi cada uno de los casos, el problema podría remontarse hasta una sola fuente: uno o los dos cónyuges se desviaron de la manera de pensar de Dios y de su modo de hacer las cosas. Por sencillo que esto pueda parecer, es complejo y no siempre es fácil de ver.

Puede que usted sea una persona comprometida o recién casada, y en este momento esté pensando: "Los dos somos cristianos, así que no afrontaremos los mismos desafíos que otras parejas tienen que afrontar. Tenemos la probabilidad a nuestro favor de evitar los problemas que hacen que otras parejas rompan". Estoy aquí para decirle que las parejas cristianas no están exentas. Los cristianos tienen un vergonzoso record cuando se trata de divorcio. Según Barna Research

Group Online, el índice de divorcio para cristianos nacidos de nuevo es el mismo (35 por ciento) que para no cristianos.[1]

Esas estadísticas son inquietantes, en especial cuando usted tenga en cuenta que los cristianos tienen acceso al poder transformador del evangelio. Obviamente, podemos escoger utilizar ese poder, ignorarlo, o aprovecharnos de él solamente cuando sea conveniente. Cuando no estamos conectados al poder de Dios que transforma vidas, la cultura nos seduce disfrazando la verdad o considerándola relativa. Sin verdad, la transformación, ya sea individual o relacional, es improbable.

Los mitos y las mentiras son la estrategia atemporal de seducción. Después de todo, fue una mentira lo que condujo a Eva a probar del fruto prohibido. Ella creyó una falsedad y luego actuó basándose en esa creencia; el resultado fue alejamiento de Dios seguido de una relación rota.

Si usted quiere edificar un matrimonio sano y prevenir el divorcio, utilice este libro para ayudarle a identificar los mitos sobre el matrimonio que se introducen en su modo de pensar y lentamente erosionan su relación. Después contrarreste esos mitos y mentiras con la verdad bíblica y sanas estrategias para edificar un matrimonio satisfactorio y feliz. Cada capítulo proporciona maneras concretas de hacer eso.

Si usted está comprometido o es recién casado, este es un libro de lectura obligatoria. Le ayudará a prevenir problemas y le hará consciente de lo importante que es guardar su mente y su corazón.

Si usted lleva años casado pero el divorcio le preocupa, necesita leer este libro. El divorcio no es un accidente de tren en espera de producirse, ni tiene usted que formar parte de las sombrías estadísticas que dicen que le llegará su turno. De hecho, usted puede formar parte de una multitud creciente que previene el divorcio aplicando lo que aprenda en este libro.

Si está usted en proceso de divorcio, este libro puede que cambie las cosas. Hay mucho que puede usted hacer para influenciar el curso del futuro si toma lo que hay en estas páginas y lo pone en práctica. Hay cosas que puede usted hacer para dar la vuelta a la situación. Durante mis más de veinte años como terapeuta matrimonial, he visto parejas al borde del divorcio revertir el daño y hacer que su relación volviera a funcionar. Nunca es demasiado tarde ni la situación es demasiado desesperanzada. Sin embargo, tanto usted como su cónyuge deben abrir sus ojos a la verdad. La Biblia promete que la verdad puede hacerle libre (Juan 8:32), y no es una exageración o una falsa afirmación. Descubra la verdad, luego haga cambios reales, ¡y hágalos ahora!

Si ya está usted divorciado y tiene una nueva relación, entonces ponga mucha atención a medida que lee este libro, pues no querrá que se produzca un nuevo divorcio. Aprenda de sus errores, y siga adelante en la vida. No haga lo que yo he visto demasiadas veces: pasar de modo inconsciente a otro matrimonio y esperar que las cosas sean diferentes. Ese es un plan para el fracaso. Tres veces no es un hechizo. Sea proactivo utilizando las sanas estrategias matrimoniales que aprenderá usted en este libro. Esas sanas estrategias matrimoniales también podrían denominarse "a prueba de divorcio", porque fortalecerán su relación y le ayudarán a evitar situaciones que podrían poner en peligro su relación. Poner a prueba de divorcio su matrimonio es similar a poner a prueba de niños su casa al tener en ella a un niño pequeño. En primer lugar debe usted identificar los peligros, luego aprender estrategias para hacer que las cosas sean seguras y, finalmente, poner en acción lo que usted sabe. No importa lo mucho que se preocupe, planee o se obsesione; si su modo de pensar no es correcto, sus estrategias fracasarán y sus soluciones no funcionarán.

Aunque reconozco que ningún matrimonio está por encima de la posibilidad de que haya un divorcio, usted puede ser proactivo. El divorcio es prevenible. Comencemos con diez mitos que pueden hacer descarrilar su relación. Tome un momento, agarre esa taza de café (con leche, solo, capuchino, o cual otra bebida que le guste), póngase cómodo, y siga leyendo para ver si usted, como muchos, ha permitido que los mitos sobre el matrimonio le empujen, de modo consciente o inconsciente, hacia aguas peligrosas. Es momento de mejorar las estadísticas edificando un matrimonio sano.

—Dra. Linda S. Mintle

CAPÍTULO 1

Mitos, mentiras y otros conceptos erróneos

Seducido

¿**H**a viajado usted alguna vez sin un mapa de carreteras? Es arriesgado, pues a veces encuentra su destino y otras veces se pierde.

El matrimonio tiene un mapa y, si usted lo sigue, sabrá dónde va y cómo llegar allí. Basándonos en la investigación matrimonial y los principios bíblicos, sabemos lo que funciona con las parejas y lo que no funciona. Esto es especialmente importante cuando está usted comprometido o se acaba de casar. Sin un mapa, puede usted descarrillar. Desgraciadamente, he aconsejado a muchas personas que no querían mirar el mapa o que decidieron salirse de la carretera; y los resultados han sido desastrosos y podrían haberse evitado. Pienso en mis buenos amigos, tanto dentro como fuera del ministerio, que se cuentan entre las estadísticas sobre divorcio. Regreso hasta la noche en que estaba sentada con una amiga mientras ella lloró hasta quedarse dormida, aún tambaleándose por el anuncio de que su esposo la dejaba por otra mujer. Él pareció darse placer al herirla con esa noticia. Anonadada por su revelación, ella se hundió en la desesperación. ¿Cómo podía haber sido ella tan ingenua para confiar en un hombre que practicaba el engaño?

Él le explicó: "La aventura amorosa sencillamente se produjo porque yo era infeliz. Encontré a alguien que me entiende y que está interesada en las mismas cosas. Tú y yo nos hemos distanciado, y estarías mejor con alguien que realmente se interese por ti".

A la vez que las dos llorábamos y hablábamos, las heridas de la niñez de mi amiga se hicieron patentes. Ella había repetido el patrón familiar aprendido de su familia. Al igual que su madre, se casó con un hombre que abusaba de ella emocionalmente pero no asumía ninguna responsabilidad por esa herida. El dolor era intenso, y mezclado: papá, esposo, hombres. Había muchas cosas que solucionar, pero la herida estaba en carne viva. En algún lugar en aquel caos comenzó a crecer una mentira.

Recordé la impotencia que mi esposo y yo sentimos cuando la esposa de otro amigo le abandonó y luego mintió a la comunidad cristiana acerca de las razones que tuvo para abandonarlo. Él tuvo que afrontar no solamente una increíble pérdida, sino también la vergüenza infundada que ella amontonó públicamente sobre él.

Como amigos, tratamos de hablar sobre las mentiras, pero fuimos rechazados y nos dijeron que estábamos abusando. Como terapeuta, me maravillé ante lo fácilmente que ella pudo aceptar las palabras de un consejero sin conocimientos y torcerlas para apoyar su decisión.

Nosotros sabíamos que esa pareja había pasado por problemas a lo largo de su matrimonio, pero no había nada tan desesperado que no pudiera ser reparado o cambiado. Ellos nunca se tomaron el tiempo para trabajar con un terapeuta matrimonial y atacar esos problemas. La inmensurable gracia de Dios fue pronunciada en alta voz por la decisión de poner fin a su matrimonio, pero no por la restauración. ¿Por qué recurriría ella a ese paso drástico cuando había tanto que se podía hacer con un cónyuge muy dispuesto? Yo conocía la respuesta: tenía que ver con el engaño.

Pensé en mi propio matrimonio durante treinta y tres años, que es fuerte pero tuvo sus momentos complicados al comienzo. Yo era joven y estaba muy influenciada por la cultura reinante del feminismo. "Soy una mujer; óiganme rugir" era un eufemismo para expresar: "Vean cómo me vuelvo ensimismada". Mientras yo llenaba mi cabeza de protesta feminista, obsesión por mí misma y la ideología de autorrealización de los años setenta, mis pensamientos y actos no eran siempre agradables al Señor.

Yo no estaba preparada para adoptar la fuerza de la ideología que me inundó cuando estaba en el departamento de graduados. En aquel momento no reconocía el constante asalto intelectual que estaba atacando mis valores. A veces la guerra por mi mente era sutil; otras veces era un ataque directo contra Dios y contra todo aquello en que yo creía. Y nadie alrededor de mí abordaba esta amenaza. Por el contrario, yo estaba cegada por el poder de mí misma. La cultura quería obviar a Dios de mi conciencia. En un confundido estado de autodefinición, me permití a mí misma creer esa línea de pensamiento, y comencé a creer las mentiras de la cultura.

Me dijeron que yo podía hacer que las cosas sucedieran por mí misma, que yo estaba a cargo de mi propio destino. Aún con la herida de la muerte de mi hermano, recordé el voto que hice después de ver la profundidad de la angustia que mi cuñada soportó mientras trataba de recoger los pedazos de su destrozada vida: yo nunca sería dependiente de un hombre. Dios podía sentarse en el asiento trasero, pero yo era quien conducía el auto. Dios y los hombres (mi esposo incluido) necesitaban entender algunas cosas sobre el poder femenino.

Cuando finalmente comprendí que el feminismo era un encubrimiento para el temor más profundo de perder a mi esposo por la muerte, comencé a cambiar. Al fortalecer mi relación con el Señor por medio del arrepentimiento y el examen de mí misma (gracias a Dios yo no había olvidado el fundamento de mi formación bíblica), me sorprendió lo fácil que había sido llegar a equivocarme. Yo fui criada en una familia cristiana, asistía a la iglesia, amaba a Dios y, sin embargo, había sido cegada por un enemigo cuyo único propósito es engañar y destruir; él intentó, sin éxito, destruirme. Si yo le permitía jugar con mis temores, él también podría destruir mi matrimonio.

Si es usted humano, ha sido herido en su vida por circunstancias, personas y, como todos los seres humanos, aún por su propia estupidez. El enemigo le dispara mediante esas heridas, y su propósito es engañarle y, finalmente, destruirle. El divorcio es *el fin* de la destrucción de una unión santa, y llega por medio de creer mitos y mentiras sobre el matrimonio.

Por alguna razón, los mitos culturales parecen más fáciles de aceptar que la verdad bíblica. ¿Quién quiere hacer el difícil trabajo del perdón y la reconciliación? La justificación y las concesiones son marcas de la vida posmoderna, y usted se encuentra adaptándose y tolerando; su modo de pensar ha sido alterado. No es ninguna sorpresa, entonces, que su conducta siga esa línea.

Los mitos y mentiras están alrededor de usted. Le bombardean desde la cultura, pero también desde su familia y desde las personas que le influencian. A veces podría usted crear mitos y creer mentiras a fin de torcer y distorsionar una situación, tratando de evitar la responsabilidad y la obediencia. Esos engaños conducen a reacciones emocionales que conducen la conducta. Rompa la mentira, y los sentimientos cambiarán. Cuando los sentimientos cambian, la conducta cambia.

Este es el mito más peligroso: los cambios necesarios para vivir con paz y alegría con un cónyuge no son realmente posibles. Oh, quizá haya usted visto unos cuantos testimonios de matrimonios restaurados en programas como *El Club 700* pero, aun así, usted no cree realmente que ese mismo poder transformador esté disponible para usted. Cree la mentira de que su situación es demasiado desesperada, demasiado crispada, o demasiado desesperanzada.

¿Es usted consciente de que Jesús constantemente habló sobre la incredulidad como un obstáculo para tener acceso a su poder transformador? La incredulidad sigue siendo su peor enemigo cuando se trata de cambiar el status quo, de luchar contra hábitos o de tratar heridas del pasado.

La tentación es creer que los problemas no pueden arreglarse; en cambio, crea que los problemas pueden resolverse, en especial al comienzo de las nuevas relaciones. Cada nueva relación requiere un tiempo de ajuste; permítase ese tiempo. Recuerde que está usted en proceso de aprender a acomodarse a otra persona, y eso no es siempre fácil, pues requiere dar y tomar.

Es cierto que muchas parejas necesitan un importante trabajo de reparación; y, en realidad, usted solamente puede trabajar en usted mismo a menos que tenga un cónyuge dispuesto. Soy muy consciente del hecho de que muchos de ustedes no tienen un cónyuge dispuesto. No se desespere, pues aún hay pasos que puede usted dar.

Le aliento a que considere lo siguiente: en todos mis años de práctica, rara vez he visto a una persona dejar un matrimonio y seguir adelante a la siguiente relación sin que los mismos problemas vuelvan a surgir en algún nivel. Acepte mi consejo: haga todo lo que pueda para restaurar su relación actual. Buscar un camino de salida solamente retrasa el trabajo inevitable que necesita usted hacer en su propia vida.

El siguiente es un ejemplo. Una pareja llegó para recibir consejo matrimonial, pero estaban decididos a separarse, y ninguno de los dos sentía que pudieran trabajar y solucionar sus diferencias. Había una historia demasiado larga de daño, demasiados problemas de confianza, y demasiadas heridas. Admito que los dos habían sufrido mucho a manos el uno del otro, y el trabajo necesario para moldear su relación sería importante. Pero para mí era obvio que si ellos no realizaban cambios, entonces esos mismos problemas volverían a surgir más adelante.

Les pregunté si me darían ocho semanas para identificar sus problemas y proporcionar estrategias para el cambio. Por mi experiencia, la mayoría de las parejas que quieren divorciarse están tan ocupadas culpándose el uno al otro que no han identificado con claridad su propia aportación a los problemas. Normalmente, eso implica creer uno de los mitos del que habla este libro. Cuando finalmente reconocen y admiten su parte, comienza el cambio; a veces, por primera vez la pareja entenderá exactamente *por qué* (el mito) están haciendo *lo que* están haciendo. Una vez que el mito es identificado, ellos son responsables de cambiar. Mi tarea es abrir sus ojos y darles herramientas; pero yo no puedo hacer que las personas hagan su trabajo.

La pareja a la que aconsejaba tenía una elección: abordar los problemas ahora con el cónyuge actual, o hacer el trabajo más adelante con nuevos jugadores. Ellos declinaron mi oferta y se divorciaron. Cinco años después, casados ya con nuevos cónyuges, cada uno de ellos volvió a ponerse en contacto conmigo por separado. Ambos recordaban mi predicción y admitieron que aquellos mismos problemas estaban surgiendo de nuevo en las nuevas relaciones. La esposa original estaba en su tercer matrimonio, y dijo bromeando: "Supongo que al tercer fallo estoy fuera, así que comencemos a tratar mis problemas".

El esposo, a quien su segunda esposa llevó a la terapia, se sorprendió al oírla decir: "Estoy comenzando a entender por qué su primera esposa lo abandonó. Yo fui bastante ingenua al pensar que él no actuaría del mismo modo conmigo". ¡Por fin! Era momento de abordar los problemas. Cada uno de ellos lamentó no haberlo hecho antes con sus cónyuges originales.

Rara es la persona que acude a mi oficina y dice: "Tengo problemas matrimoniales. Hablemos de lo que yo estoy haciendo para empeorar las cosas". Con más frecuencia tengo el bien jugado juego de la culpa: es culpa de mi cónyuge, de mi trabajo, de mis suegros, de demasiado estrés... (puede añadir aquí su favorito; la lista es larga).

La típica queja es: "Yo no puedo, porque ella/él hace...""; y hay algunas variaciones sobre ese tema. "Me casé con un mezquino"; puede que eso sea cierto, ¿pero sabe qué? Usted escogió a ese mezquino. "Él no era un mezquino cuando me casé con él; se volvió mezquino más adelante." Una bonita idea, pero no es probable; puede que usted no reconociera la "mezquindad" antes de casarse, pero estaba ahí, bajo la superficie. "Yo no era consciente cuando hice mis votos. Ahora tengo los ojos abiertos, ¡y este matrimonio es una pesadilla!". Lo siento, pero usted sigue siendo responsable de esa elección inconsciente, y abandonar no es la solución.

Hablando de pesadillas, algunos pensaron que podrían cambiar a su cónyuge para bien; ya saben, como: "Él dejará de beber porque me quiere"; "no importa que su papá sea un asesino en serie"; "ella sentará la cabeza cuando tenga hijos"; "cuando salga de la cárcel, será un hombre cambiado". ¿La verdad? La probabilidad de que usted cambie a su cónyuge de manera importante es prácticamente la misma de que yo ganara la lotería (que es bastante baja, considerando que ni siquiera juego).

El siguiente es otro concepto erróneo: la reparación en el matrimonio depende del entusiasmo y emoción de un buen terapeuta. Yo soy bastante buena en entusiasmo y emoción, pero solamente eso no mantendrá en curso su matrimonio; por el contrario, su matrimonio depende de lo dispuesto que esté usted a hacer lo que tenga que hacer para rendir cuentas de sus pensamientos y sus actos.

Cuando surgen los problemas, muchos acuden a terapeutas, y ese es un buen paso, pero también tienen que *querer* reconciliarse.

Sea sincero; hay también otros motivos, otros que los terapeutas no experimentados algunas veces se tragan. Usted quiere apaciguar su conciencia; puede que quiera que alguien "sienta" su dolor; quiere decir que usted se esforzó; quiere demostrar lo malo que es su cónyuge (las personas son muy buenas en este punto). Lo último que usted quiere es a alguien como yo ante su cara que le diga que ningún matrimonio está más allá de poder salvarse.

Si usted quiere arreglarlo, entonces se puede arreglar. Además de los tres grandes —abuso, abandono e infidelidad sin arrepentimiento (y hasta estos tres no están por encima de la esperanza)—, los matrimonios que terminan en el sofá del terapeuta pueden ser restaurados; pero usted tienen que querer que eso suceda.

Hace unos años asistí a una conferencia matrimonial presentada por alguien a quien yo admiro mucho. Ella es muy conocida en el campo de la terapia matrimonial y familiar; su trajo influyó mucho en mi formación, así que yo esperaba dos días de nuevas perspectivas. Sí que fue nuevo, pero apenas sin perspectiva.

Ella comenzó la conferencia diciendo que el matrimonio es solamente una relación, y no algo a lo que deberíamos estar atados "hasta que la muerte nos separe". Afirmó: "El matrimonio es una relación extremadamente frágil; es irrazonable esperar que las personas permanezcan juntas. Básicamente, necesitamos volver a remodelar el 'mito' del matrimonio. Quizá sea anticuado pensar que dos personas se amen solamente la una a la otra durante toda una vida. Quizá debiéramos redefinir el matrimonio para hacerlo encajar en la realidad. La realidad es que el divorcio es probable".

En el descanso, yo comparé notas con varios colegas, incluyendo a dos capellanes. Para total consternación mía, ninguno de ellos estaba molesto por sus comentarios. El consenso entre el grupo era: "La mayoría de nosotros estamos divorciados, así que por qué no cambiar la expectativa y reducir la culpabilidad. A todos nos iría mejor".

La perspectiva secular es que el divorcio se produce, seguirá produciéndose, y poco hay que podamos hacer al respecto; pero el divorcio no tiene por qué ser una realidad dolorosa y siempre presente. "Hasta que la muerte nos separe" es un objetivo alcanzable. No crea que el matrimonio es un "mito" que necesita una redefinición.

La mayoría de las personas no viven como creaciones transformadas; seguimos batallando con problemas familiares, rebelión, concesiones, egoísmo y otros problemas relacionados con pensamientos distorsionados. Nosotros gobernamos nuestras vidas según los sentimientos. Pecamos; cedemos. Queremos que las cosas se hagan a nuestra manera, y batallamos en la vida porque nos negamos a vivir la vida a la manera de Dios. Tenemos nuestro propio sistema, y estamos bastante comprometidos con él, aun cuando no funciona. Nuestra manera de hacer las cosas es lo que conocemos: lo que es cómodo, aunque no sea correcto.

Nadie es completamente inmune al divorcio, porque el engaño nos rodea por todas partes; y nadie tiene control sobre otra persona. Hay momentos en que las personas deben abandonar una relación debido a un daño real o potencial, pero sí sé que, en la mayoría de los casos, el divorcio es prevenible, en particular para los cristianos. La prevención comienza por reconocer las mentiras, o como las he denominado en este libro, los mitos que pueden hacer descarrilar su matrimonio.

Sea cual sea el punto en que esté usted en su relación —comprometido, recién casado, pasando por terreno abrupto en su matrimonio, o preguntándose si permanecerán juntos—, puede transformar su matrimonio en algo satisfactorio y piadoso. Comience haciéndose la pregunta: ¿Cumplo las tres condiciones previas necesarias para evita que mi matrimonio descarrile?

CAPÍTULO 2

Tres condiciones previas clave para evitar que su matrimonio descarrile

Preparados, listos, ya

Antes de adentrarnos en los diez mitos que pueden hacer descarrilar su matrimonio, repasemos estas tres condiciones previas que pueden mantener en curso su relación:

1. Considerar la posibilidad de que usted contribuye a los problemas actuales o pasados.

Ya sé que es difícil admitirlo, pero una pareja casada está compuesta por dos personas que aportan problemas únicos a la relación. Antes de quejarse acerca de lo que su cónyuge hace o no hace, antes eche un buen vistazo a usted mismo.

No le estoy pidiendo que sea usted el chivo expiatorio o el responsable de todas las cosas que no le corresponden. Le estoy pidiendo que acepte la idea de que usted no es la pareja perfecta. Puede que esté cerca de la perfección, muy lejos de la perfección, o en algún punto entre medias; por tanto, ¿podemos abrirnos a esta posibilidad?

Comience haciéndose estas preguntas:

- ¿Llevo viejas heridas de mi pasado?
- ¿Estoy operando por temor o por otras emociones malsanas?

- ¿He culpado a mi cónyuge de cosas que realmente son culpa mía?
- ¿Me estoy permitiendo ser engañado, apartarme de la verdad?
- ¿Estoy dispuesto a creer que el cambio es posible?
- ¿Estoy caminando en una cercana e íntima relación con Dios, o le he relegado a una posición en el asiento trasero?
- ¿Creo que lo que Dios dice es verdad?

Cuando usted permite que el engaño se adentre en su vida —un poco aquí, un poco allá—, pronto se desvía del plan de Dios y se convierte en el instrumento del enemigo. Cuanto más se aleje de la verdad de Dios, más difícil será mantener el pacto matrimonial.

Es momento de dejar de culpar y evaluar con precisión su propia contribución a los daños, y comenzar a hacer esto abre la posibilidad al cambio. Comience pidiendo a Dios que revele cosas en su vida que necesiten cambiar. Esas cosas puede que no tengan relación con su cónyuge, pero ciertamente le afectarán. Pase tiempo en oración, y escuche para que Dios le hable.

2. Reconocer que usted no tiene control sobre la voluntad de su cónyuge, pero sí que tiene mucha influencia.

La segunda condición previa para evitar que su matrimonio descarrile es reconocer la influencia que tiene usted en su cónyuge. Quizá no se sienta usted influyente, pero lo es. Hay un axioma muy conocido de la física que afirma: "Por cada acción hay una reacción igual y contraria". Aplique esta realidad a su relación.

Por cada acción en el matrimonio hay una reacción del cónyuge, a veces igual, y a veces contraria. Usted solamente puede controlar *sus propios* actos, a pesar del modo en que se comporte su cónyuge. Sin importar lo mal que vayan las cosas, usted puede ejercer el dominio propio. El dominio propio es una cualidad deseada, que no se ve muy reforzada en la cultura actual. Dios promete dominio propio:

> *Mas el fruto del Espíritu es amor, gozo, paz, paciencia, benignidad, bondad, fe, mansedumbre, templanza.*
>
> —*Gálatas* 5:22-23

Según estos versículos, el amor es el fruto. Todo fruto crece de una semilla, y la semilla es la Palabra de Dios. Usted primero planta la semilla (la Palabra) en su corazón, y el resultado de conocer y creer la Palabra de Dios es amor. Dicho de otra manera, el resultado de plantar la semilla es recoger una cosecha de fruto (amor). El amor de Dios, entonces, produce dominio propio. Cuando usted trabaja para desarrollar dominio propio, se concentra mucho menos en lo que su cónyuge hace y más en sus propias acciones y reacciones. Un cambio en una persona crea un cambio en otra. Es igual que un baile.

Tomé prestada la metáfora del baile del libro de Harriet Lerner, *The Dance of Anger* (El baile del enojo).[1] Me referiré a ella con más profundidad en el capítulo 5. La idea es esta: imagínese a usted mismo bailando con su cónyuge (si está demasiado enojado o este es un salto demasiado grande, imagine a dos personas bailando). Usted hace un movimiento, y su pareja le sigue. Esta interacción continúa: un movimiento sigue a otro. Tomados juntos, esos movimientos crean la coreografía del baile.

Las parejas crean bailes juntos. Un cónyuge se comporta de una manera, y entonces el otro sigue con una conducta. Estas acciones se repiten y siguen un patrón. Con el paso del tiempo, la pareja se queda encerrada en bailes conocidos. Algunos bailes son muy conocidos porque se practicaron al crecer con su primera familia. Otros bailes se aprenden con su cónyuge y se practican una y otra vez.

Algunos bailes pueden ser maravillosos, románticos, soñadores, suaves, de apoyo, fáciles, que fluyen, creativos, innovadores y fluidos. Otros bailes pueden ser mezquinos, tensos, que pisan los pies, fuera de ritmo y embarazosos. Obviamente, los últimos son los bailes que no nos gustan y que necesitamos cambiar.

¿Cómo cambia usted el baile? Cambiando *su* paso en el baile. No puede usted obligar a su cónyuge a moverse de modo diferente. Algunos cónyuges harán un nuevo movimiento basados en sugerencias o comentarios útiles; otros no lo harán. Pero *usted* puede dar un paso diferente y, cuando lo haga, el resultado será probablemente tensión. O bien regresará usted al viejo paso, o su cónyuge se acomodará al nuevo. Al principio se siente uno torpe, tenso y terriblemente incómodo, pero finalmente los pasos comienzan a formar un nuevo patrón, un nuevo baile. Esta es su esperanza: al cambiar su paso en el baile, el baile cambiará mientras usted no regrese a la vieja manera.

Observe que no dije que sus acciones y reacciones *determinan* las acciones de su cónyuge. Dije que *influencian*. Pero cuando usted practica firmemente un nuevo paso, tiene más influencia de la que usted cree. La mayoría de nosotros sentimos la tensión de dar un nuevo paso, y como consecuencia, cedemos y regresamos a las maneras que nos resultan familiares. Es más fácil y menos agotador, pero da como resultado el mismo viejo baile. Nada cambia mucho.

Su cónyuge tiene un libre albedrío y puede escoger ejercitarlo para el bien de la relación o hacia su destrucción. Esa es la parte aterradora de las relaciones: unirse en unión santa con alguien sobre el cual usted no tiene el control definitivo. Pero vuelva a pensar en el baile. Usted tiene control sobre *sus propios* pasos, lo cual influencia todo el movimiento. Sus pasos cuentan porque crean el baile.

Cuando una persona decide alejarse de las cosas de Dios y adentrarse en el sistema del mundo, comienzan los problemas. Usted no puede obligar a nadie a regresar a Dios. ¿Le resulta familiar? Puede que haya gritado, llorado y manipulado; que haya hecho daño, haya estado enojado, deprimido, ansioso, perfecto, tolerante o condenador, distante o dependiente; o que haya arrastrado a su cónyuge a la sala de consejería (añada cualquier otra cosa que yo no haya puesto). Sin embargo, nada ha cambiado. Su cónyuge sigue inclinándose hacia el divorcio. Parece que usted ha intentado cada nuevo paso imaginable en el baile.

Si es así, entonces su problema probablemente sea un problema espiritual. Su cónyuge ha endurecido su corazón hacia las cosas de Dios. Nada moverá a ese cónyuge porque él o ella están decididos a seguir un nuevo baile sin usted. Su cónyuge ya no quiere tenerlo a usted como compañero de baile; piensa que hay un bailarín con más talento en otro lugar. La verdad es que el anhelado nuevo baile apenas será nuevo; su cónyuge meramente escogerá una nueva pareja de baile.

Su esperanza en esas situaciones es que su cónyuge sea convencido de pecado y se despierte del sueño espiritual para tener un verdadero encuentro con el Dios vivo. Ore hacia ese fin, y asegúrese de leer el capítulo 12.

3. Ser consciente del engaño espiritual que trata de hacer descarrilar su relación.

Olvidamos que el matrimonio es un acto *santo*. La unión de dos personas mediante el matrimonio es una unión de espíritus. Poner fin a un matrimonio no absuelve esa unión; sencillamente separa a las partes físicamente. Solamente es necesaria una persona para cortar el vínculo, pero muchas personas resultan profundamente afectadas durante el resto de sus vidas.

Para estar dispuesto a cortar un vínculo santo debe estar usted engañado. El proceso del engaño es lento e insidioso; comienza con un pequeño desengaño, infelicidad o herida. Usted entretiene la idea de que otra persona o cosa puede marcar la diferencia o proporcionar algo que usted no tiene. Es la misma mentira que Eva creyó en el Huerto.

¿Recuerda a Eva? Ella podría haber comido de cualquier árbol que había en el huerto excepto de uno, y ese fue el que Satanás utilizó para seducirla. Cuando él apareció en forma de serpiente, ella escuchó sus ideas. Satanás le mintió: "Puedes comerlo y no morirás". Todos podríamos estar andando desnudos por el paraíso del Oriente Medio si ella le hubiera respondido: "Satanás, mentiroso, vete. Yo sé lo que Dios dijo".

Adopte esa postura hasta con la cosa más pequeña que vaya en contra de Dios. Cuando la Palabra de Dios es clara en algo, no crea ninguna otra cosa. Eva comió del fruto y descubrió que Dios iba en serio con respecto a su Palabra. Al igual que Eva, si usted cree los mitos y mentiras y escoge divorciarse, vivirá con las consecuencias de su elección. Sin duda, Dios le sigue amando y mostrando su gracia y misericordia; pero consecuencias naturales seguirán a sus actos.

Puede que esté usted en medio de circunstancias muy difíciles con un cónyuge, y puede que esté separado. Permita que le diga unas palabras sobre la separación. A veces, la separación matrimonial se otorga para detener la conducta abusiva o para demostrar que usted es serio en cuanto a tratar conducta pecaminosa cuando no hay arrepentimiento, como pornografía, adulterio, juego, y cosas que podrían ser dañinas para el resto de la familia. La separación podría ser un paso hacia la reconciliación. Puede ser una estrategia utilizada para decir: "Déjalo; ponte serio, controla, y deja de comportarte mal.

Cuando puedas demostrarme que eres una persona cambiada (con el tiempo), volveremos a reunirnos".

Con parejas que están muy ocupadas culpándose el uno al otro y que son muy tóxicas en sus relaciones, la separación puede detener temporalmente la negatividad. El propósito de la separación es ayudar a cada uno de los individuos a pensar con más claridad sobre la relación y trabajar en sus problemas personales. Es esencial emplear tiempo para la oración. La oración está dirigida a pedir a Dios que le revele cuál es su parte en el problema, no para buscar su voluntad con respecto a poner fin a la relación. Usted ya sabe que su voluntad es la reconciliación; Él le dijo eso en su Palabra.

Se recomienda encarecidamente la consejería durante la separación a fin de que pueda monitorearse el cambio. Y observe que dije "con el tiempo": una condición que demuestra lo confiable de un cambio. La separación funciona cuando la confesión termina en arrepentimiento (un verdadero cambio de conducta) y se hace un compromiso a cambiar.

La separación no funciona cuando uno de los cónyuges ya ha decidido abandonar el matrimonio y utiliza la separación para hacer lo que quiera. Tampoco funciona si un cónyuge se niega a abordar los problemas espirituales, conductuales o emocionales del matrimonio. En esos casos, el cónyuge ya ha abandonado emocionalmente, y la separación solamente refuerza esa distancia.

Para el cristiano, la reconciliación debería ser siempre el objetivo. La reconciliación requiere perdón y un verdadero cambio de corazón. Uno o ambos cónyuges puede que tengan que hacer serios cambios de conducta; sin embargo, el cambio normalmente comienza con una decisión consciente de pensar y comportarse de modo distinto. Añadamos el poder de Dios a la mezcla, y la reconciliación es posible. Hablo por experiencia profesional.

A lo largo de años de aconsejar a parejas, solamente puedo pensar en unas cuantas veces en que sentí que un matrimonio no podría salvarse; y entonces, lamento decir, mi postura se debió probablemente a una falta de fe. Yo no estaba segura de que ni siquiera Dios pudiera sacar a esos matrimonios del fuego. Desde luego, Él podría haberlo hecho si los cónyuges hubieran tenido corazones dispuestos y si se hubieran sometido a sus caminos. Pero Dios no golpea a las personas en la cabeza y demanda que se comporten a su manera. Él nos dio un libre albedrío. Nosotros tenemos que *escoger* la reconciliación.

Muchas parejas no hacen esa elección. He tenido la siguiente conversación con esas parejas:

—Sé que les quedan pocos sentimientos, si es que les quedan algunos, por su cónyuge. Sé que han sucedido muchas cosas que han dañado gravemente la confianza. Sé que hay profundas heridas, y parece imposible la reconciliación. ¿Pero están *dispuestos* a intentarlo? ¿Podemos tratar de encontrar una manera de reconciliar esta relación? Sé que ahora no pueden ver nada de esto, así que requerirá un paso de fe.

Aún puedo ver las caras de aquellos que me miraban fijamente a los ojos y respondían:

—No, no estoy dispuesto.

No hay mucho que pueda hacerse en ese punto. Ese es un obvio rechazo de cualquier posibilidad de reconciliación. Espiritualmente, tal respuesta saca a Dios de la escena y, en efecto, se está diciendo: "Yo no quiero, aunque Dios pueda". La falta de "querer" puede estar basada en cierto número de factores: la persona está demasiado cansada, herida, distante, no le importa, alberga orgullo, y otros factores. Pero se reduce a esto: él o ella han tirado la toalla.

Dios envió a Jesús a hacer un camino donde no había camino. No rechace su amor y su sacrificio; no rechace su gracia. Lo que Él hizo fue suficiente. No limite sus posibilidades. Inténtelo.

No sea otra víctima de los mitos de las relaciones, sin importar lo desesperadas que parezcan las cosas. Sea un ejemplo, un testimonio de la gracia y la transformación de Dios. Aprenda cómo fortalecer su matrimonio al dejar los mitos que hacen descarrilar las relaciones. Descubra las verdades que pueden salvar su matrimonio.

Si es usted divorciado, resuelva todos los problemas que rodean su divorcio. No es posible dar demasiada importancia a hacer este trabajo. Usted no solamente será más sano en futuras relaciones, sino que también ayudará a otros a evitar un camino similar. Si hace usted el trabajo, tendrá mucho que ofrecer a otros.

Si en este momento está en una relación sana, ¿quiere mantenerla de ese modo? ¿Cree que es posible tener un matrimonio en el que el divorcio no sea nunca una opción? ¿Quiere entender cómo nos desviamos del camino matrimonial? Si es así, siga leyendo; aprenderá cómo poner su matrimonio a prueba de divorcio. Aprenderá cómo usted y su cónyuge pueden determinar el resultado de su relación.

> Y con todo engaño de iniquidad para los que se pierden, por cuanto no recibieron el amor de la verdad para ser salvos. Por esto Dios les envía un poder engañoso, para que crean la mentira.
>
> —2 Tesalonicenses 2:10-11 (énfasis añadido)

CAPÍTULO 3

Escape y evite

MITO 1 — El matrimonio es un contrato.

Miré a la atractiva pareja que estaba sentada en los extremos opuestos de mi sofá de terapia. Con posturas enfrentadas, uno de ellos miraba fijamente el cuadro que estaba en la pared, y el otro miraba por la ventana. El incómodo silencio reflejaba su relación. Ninguno de ellos estableció contacto visual.

Sencillamente no funciona: Tom y Rachel

Tom y Rachel se presentaron para recibir terapia matrimonial. Los dos admitieron que realmente no querían verme, pero se sentían obligados a darle una oportunidad a la terapia. Yo sugerí que comenzaran tratando de mirarse el uno al otro y decirse algo. Rachel movió sus ojos con disgusto; su voz estaba enojada y preguntó:

—Si pudiéramos hablarnos el uno al otro, ¿cree que estaríamos aquí?

—No—respondí con calma—, pero ese es el propósito de la terapia: conseguir que hagan cosas que no estén haciendo ya.

Con otra mirada de disgusto, Rachel decidió darme el *trasfondo necesario*.

—Me casé con Tom poco después de que los dos nos graduáramos de la universidad. Tom era el tipo de hombre que pensé que sería un buen esposo: ambicioso, afectuoso, hablador y familiar. Obviamente, estaba equivocada.

Tom permaneció sentado sin moverse.

Recién salidos de la universidad, ambos estaban ansiosos por hacer dinero y establecer sus respectivas carreras. Lo que no esperaban fue el precio que pagarían por el éxito. Rachel se aseguró un puesto inicial en una importante empresa contable. La oportunidad de avanzar se presentó si ella estaba dispuesta a dedicarle muchas horas. Tom consiguió un empleo como representante de ventas para una empresa de comunicación en desarrollo; su trabajo requería constantes viajes, y era totalmente consumidor. Al final del día, al haber gastado sus energías, los dos caían rendidos en la cama. Sin duda, ese agotador horario mejoraría. Cinco años después, no mucho había cambiado, a excepción de que Tom y Rachel sentían que eran como extraños que ocasionalmente cenaban juntos. Ella estaba enojada, y él estaba distante.

Tom seguía sentado en silencio en el sofá mientras Rachel relató otra historia sobre sus necesidades no satisfechas. Tom raramente respondía a ninguna de las muchas quejas de Rachel. Se dijo para sí mismo:

—Rachel ha cambiado; estaba de acuerdo con el plan para obtener seguridad económica, y ahora lo único que hace es quejarse.

Él no estaba obteniendo el apoyo que necesitaba de ella. ¿Acaso no entendía ella que a él tampoco le gustaba estar fuera de casa? ¿Pero no habían acordado soportar las incomodidades hasta que lograran sus objetivos?

Tom estaba cansado: físicamente y emocionalmente. El matrimonio no estaba resultando del modo en que él había esperado. Quizá el matrimonio debería haber esperado hasta que ambos estuvieran mejor establecidos en su carreras. Él no podía entender por qué Rachel era tan infeliz, pues sencillamente estaban haciendo lo que habían imaginado. ¿Por qué estaba Rachel tan enojada con él todo el tiempo? A él no le gustaba su constante irritación, así que se apartaba.

Intuitivamente, Rachel sintió el distanciamiento de Tom. Él era muy atento cuando eran novios, pero ahora rara vez lo veía. ¿Por qué a él no le importaba que el matrimonio se estuviera derrumbando?

Él parecía muy frío, y ya apenas si hablaba. Ella no podía vivir con un hombre cuyo trabajo demandaba todo su afecto. Aquello no era lo que ella había esperado de un matrimonio.

El silencio continuó. Tom volvió a mirar por la ventana. Rachel dio un profundo suspiro y se quedó mirando a la pared. *No era lo que ellos esperaban; sus necesidades no eran satisfechas.* En esos dos puntos ambos estaban completamente de acuerdo. Preguntaron si yo creía que una separación ayudaría. Llámeme lenta, pero yo creía que ese era precisamente uno de los problemas: demasiado tiempo separados el uno del otro. Suspiros de desánimo se escaparon de sus labios.

Se miraron el uno al otro, sin que yo se lo dijera, y asintieron con la cabeza. Rachel habló, sentándose en el borde del sofá con renovada energía.

—Nuestras necesidades no están siendo satisfechas. Creemos que es momento de rendirse.

—Aún somos jóvenes—añadió Tom—, y aún no hemos comenzado una familia. Comprendemos que no nos satisfacemos el uno al otro; cortemos por lo sano y sigamos adelante con nuestras vidas. Yo negocio contratos con clientes todo el tiempo, y cuando nuestra ganancia ya no sobrepasa nuestras pérdidas, rompemos el trato. Este contrato matrimonial sencillamente no funciona; así es como lo vemos. Antes de adentrarnos más en esta relación y tener hijos, necesitamos cortar por lo sano ahora.

La perspectiva de Tom y Rachel sobre el matrimonio es coherente con la mayoría de las parejas. Permanecen casados mientras sus necesidades estén siendo satisfechas; creen en algo denominado *la teoría del intercambio social*: uno debería *obtener* más de lo que *da*. El matrimonio se ve como una relación que implica costos y recompensas; uno obtiene recompensas, pero también debe renunciar a algo por esas recompensas. Cuando los costos sobrepasan a las recompensas, puede que sea momento de romper el contrato.

Legalmente hablando, el matrimonio es un contrato. Según el diccionario, un *contrato* es un acuerdo entre dos personas, ejecutable por ley, para hacer una cosa concreta. El acuerdo formal del matrimonio encaja en esa definición. El divorcio es el rompimiento de ese contrato legal. Si usted cree esto, no está totalmente equivocado; sencillamente está pasando por alto el cuadro más amplio y operando bajo el punto de vista popular del matrimonio, y no bajo la perspectiva de Dios.

Tom y Rachel son personas no satisfechas y preocupadas por lo que no están obteniendo el uno del otro. Este no es un caso de deserción, abuso o adulterio; son dos personas que edificaron su matrimonio sobre el fundamento equivocado. Añadamos estrés, y el fundamento comienza a resquebrajarse. Añadamos estrés intenso y continuo, y el fundamento se derrumba.

VERDAD 1 — El matrimonio es un pacto diseñado por Dios.

Lo que Tom y Rachel necesitan entender es que el matrimonio es algo más que un contrato; fue idea de Dios mucho antes de que se añadieran disposiciones legales. Dios define el matrimonio como un *pacto*. El pacto no está basado en el sistema *quid pro quo* de intercambio social (uno debería obtener más de lo que da). El pacto se basa en el amor incondicional, un amor que es una promesa inquebrantable entre dos partes. Entender la diferencia entre contrato y pacto es una clave para mantener en curso su matrimonio. Obviamente, Tom y Rachel no tenían este entendimiento.

Contrato opuesto a pacto

Los pactos fueron inventados por Dios y, así, son sagrados. Dios hizo un pacto con su creación. Prometió a Adán y Eva que Él supliría todas sus necesidades en el huerto de Edén; la única restricción era que ellos no podían tocar un árbol concreto. La elección de Adán y Eva de desobedecer resultó en la expulsión del lugar de provisión perfecta.

Entonces Dios prometió otra provisión, una que erradicaría para siempre el pecado: la venida del Mesías (Génesis 3:14-21). El pecado de Adán y Eva no canceló el plan de Dios, pero sus respuestas sin duda cambiaron las cosas. Al igual que la primera pareja, usted puede escoger hacer las cosas a su manera o a la manera de Dios. ¿Está usted escogiendo tercamente su propia manera?

Dios también estableció un pacto con Noé. Él prometió salvar a Noé, a su familia, y a criaturas no humanas de la destrucción. Cuando Dios destruyó a toda criatura viviente sobre la tierra por medio de un diluvio, Él mantuvo su promesa a Noé. Dios no le dijo a Noé: "Este es el plan. Si trabajas lo bastante duro y yo quedo satisfecho, cumpliré mi promesa. Tienes solo cien años; comienza". Por el contrario, Dios hizo una oferta de salvar a Noé. El pacto no dependía de la respuesta de Noé. Dios extendió su mano a pesar de cuál fuera la elección de Noé; sin embargo, las potenciales bendiciones del pacto estaban relacionadas con la conducta de Noé. Y a fin de ser salvo, Noé tuvo que actuar según la inquebrantable promesa de Dios.

Quizá el ejemplo más conocido del pacto del Antiguo Testamento sea el que Dios estableció con Abraham (ver Génesis 15). Él prometió hacer de la descendencia de Abraham una poderosa nación y darles la tierra de Canaán. La promesa fue dada antes de que Abraham tuviera hijos; requería que Abraham estuviera de acuerdo y creyera por fe. Al igual que Noé, el pacto era incondicional, pero las bendiciones estaban determinadas por la respuesta de Abraham: un caminar intachable y de fe delante de Dios.

La esposa de Abraham, Sara, era vieja y ya había pasado los años de tener hijos. La promesa de tener muchos descendientes era una hazaña imposible en lo natural; pero Abraham tuvo fe, y creyó lo que Dios dijo aun cuando no podía ver evidencia inmediata de que eso sucediera. Su fe permitió a Dios hacer un milagro.

Finalmente, Dios envió a Jesús como la expresión definitiva de su amor incondicional por toda la humanidad. Jesús fue maltratado, por decir lo mínimo; sin embargo, nada de lo que la gente le hizo (y ya sabe usted lo mal que lo trataron) dio como resultado que Él rompiera el pacto. Él podría haberse retractado y haber regresado al cielo debido al rechazo; tenía todo derecho a cancelar el plan, pero no lo hizo porque Él y el Padre hicieron una promesa. Él nos ama a usted y a mí sencillamente porque somos su creación; y porque Él nos ama, cumplió su pacto. Él vino a la tierra, murió de una muerte terrible, y resucitó para proporcionarnos un camino para salir del pecado. Como cristianos, estamos cubiertos por su pacto de sangre, y nada puede cambiar eso.

Pacto matrimonial

Estar *en pacto* significa que usted está incondicionalmente comprometido con alguien. Cuando Dios hizo un pacto con usted por medio de Cristo, hizo el compromiso de no abandonarlo nunca. Desde luego, Él quiere que ese compromiso sea mutuo y recíproco; pero debido al libre albedrío, esa parte le corresponde a usted.

¿Qué puede aprender de los pactos bíblicos que se aplique a sus relaciones hoy día? Bien, la manera de Dios es hacer una promesa y nunca romperla, una promesa basada en el amor incondicional. Amar a alguien no depende de lo que la persona haga *por usted,* ni tampoco debería depender de cómo responda la persona. Quizá el ejemplo humano más cercano de amor incondicional sea el amor que los padres tienen por sus hijos. Los hijos pueden defraudar a los padres y hacer cosas erróneas, pero sus padres los quieren, de todos modos. Así es como Dios quiere que seamos los unos con los otros: que nos amemos los unos a los otros porque Él nos ama.

Una relación de pacto también requiere extender perdón a otros. Cuando Jesús colgaba de la cruz, golpeado, burlado y rechazado, clamó al Padre para que perdonase a sus torturadores. Él no esperó a ser justificado, y su perdón no dependía de que ellos pasaran adelante para confesar su ofensa. ¡Qué ejemplo de perdón! Porque Él le perdona, usted ha de perdonar a otros, extendiendo así la gracia de Él.

Cristo fue ejemplo de compasión y capacidad. Él fue movido a compasión; sanaba, pero luego desafiaba a quienes encontraba a andar en su camino. Su misión era preparar y fortalecer a sus seguidores para que aceptaran los desafíos de la época. Como seguidor de Él, usted también debería estar edificando estima, alentando y fortaleciendo a otros para que logren todo aquello que deben ser.

Dios presentó su plan para el matrimonio en Génesis y lo repitió en los Evangelios. El matrimonio estaba diseñado como un pacto, modelado según la relación de Dios con nosotros. El matrimonio es un voto de compromiso hecho a Dios y a su pareja para toda la vida. Cuando el matrimonio es reducido a condiciones —basándolo en dar y recibir, como hicieron Tom y Rachel—, se ha apartado de la manera de Dios de hacer las cosas.

Por tanto, ¿qué significa tener un pacto matrimonial? Significa que el divorcio no es una opción. Ya sé lo que usted está pensando: "¡Sea realista! Es fácil para ella decirlo, pues no ha vivido en mi matrimonio. Yo estoy en una posición imposible. Además, solo hay que ver el alto índice de divorcios". La perspectiva de pacto no tiene nada que ver con lo difícil que sea el matrimonio de alguien. Dios creó el matrimonio, y sigue siendo su modelo hoy día, sin importar lo imposible que parezca en el nuevo milenio. El problema, entonces, es obedecer y no quejarse de que no puede lograrse o decidir que el modelo está anticuado.

¿Serían diferentes las cosas si usted creyera que usted siempre tenía que solucionar las cosas en su matrimonio? ¿Lo intentaría con más fuerza? ¿Basaría sus actos en sus sentimientos? ¿Buscaría fuera del matrimonio un mejor trato? ¿Perdonaría con mayor frecuencia? ¿Trataría el enojo con mayor rapidez? ¿Dejaría de evitar el conflicto? ¿Intentaría amar a su suegra? ¿Y enfocarse más en los atributos positivos de su cónyuge, tratando de edificarlo en lugar de sacarle faltas? Las respuestas a estas preguntas dependen de lo que usted crea que es cierto acerca de las relaciones. Si en lo profundo de su mente cree usted que puede salir del acuerdo, la puerta de salida está siempre abierta. Este modo de pensar afecta a su conducta.

Si está usted de acuerdo en que el matrimonio es un pacto, entonces ¿qué debería hacer si está atascado en una relación infeliz? Puede que crea que sería necesario un milagro para hacer funcionar su relación. Podría ser, ¡pero los milagros siguen ocurriendo! Puede que esto suene triste, pero es cierto: *ore por restauración*. Ore con diligencia sin cesar; no desmaye ni se canse. Dios es el Dios de lo imposible. Ya sé que esto suena a retórica cristiana, pero está basado en el carácter y la bondad de Dios. La restauración de su matrimonio es posible, al igual que lo fue para Dan y Susan.

Orar por restauración

Dan y Susan fueron infelices durante años. Habían recibido consejería matrimonial muchas veces, no habían solucionado nada, y ahora solamente sentían desprecio el uno por el otro. Por todas las partes (la mía incluida), el resultado se veía sombrío. El divorcio estaba siempre en sus mentes. Aun cuando ninguno sentía ya nada por el otro, acordaron hacer una cosa: orar y ayunar durante un periodo de tiempo. Les pedí que se separasen y concentrasen su tiempo libre en orar y buscar al Señor para obtener guía. Ya que llevaban casados dieciséis años, yo esperaba que al menos le dieran a Dios unas cuantas semanas de atención concentrada. Ellos estuvieron de acuerdo. Por separado, oraron y ayunaron. Yo les pregunté si sentían que Dios les había liberado para que se divorciasen, y ninguno de ellos sintió tal liberación. Yo no me sorprendí, considerando que Dios no los dirigiría a hacer algo que está en contra de su propia Palabra. Pero ellos necesitaban un milagro para restaurarlos a un lugar de amor y compromiso.

Les pedí a ambos que escribieran todas las ofensas que sintieran que se habían cometido durante sus anteriores dieciséis años de matrimonio, y eso les tomó unas cuantas semanas. Las listas eran largas y detalladas. Después, les pedí que orasen por cada uno de los puntos y que escogiesen perdonar cada ofensa hasta haber completado la lista. Les recordé que debido a que Dios los perdonó, también ellos necesitaban extender ese mismo perdón el uno al otro.

Luego les asigné que hicieran una segunda lista, esta vez de puntos buenos, momentos felices, o eventos positivos que se hubieran producido durante los dieciséis años de matrimonio. Ambos se quedaron sorprendidos de lo largas que se hicieron esas listas. Intercambiaron listas y volvieron a orar, dando gracias a Dios por cada recuerdo. Esas cualidades y eventos positivos habían quedado perdidos entre la niebla de la infelicidad matrimonial.

Finalmente, tenían que orar por un milagro de amor restaurado, creyendo por fe que podría suceder. Ha sido mi experiencia que la mayoría de parejas cristianas que se divorcian no están dispuestas a creer para que haya restauración. No desean *restauración;* quieren abandonar. Rechazan la posibilidad de que Dios pueda hacer un milagro en ellos porque no han visto evidencia alguna. La incredulidad se establece: "¿Y si Dios no puede hacer esto? ¿Y si nada cambia? ¿Por qué permitió Dios que esto sucediera? ¿Por qué no ha cambiado Él las cosas?".

Usted sirve a un Dios poderoso; Él puede hacer mucho más abundantemente de lo que pedimos o entendemos (Efesios 3:20). Pero usted debe pedirle y esperar un milagro; si Él puede sanar el cáncer, quitar tumores, y salvar a familiares, Él puede restaurar matrimonios. Recuérdese a usted mismo lo que Dios ha hecho y lo que es capaz de hacer. Tenga fe. Los milagros de restauración del matrimonio se producen para quienes creen (ver verdad 10).

No seguir preguntándose por su pacto

Otro problema relacionado con guardar el pacto es preguntarse si se casó usted con la persona adecuada. Deje de preguntárselo, pues ya está hecho; y no hace ningún bien seguir haciéndose la pregunta.

Quizá se casara usted por motivos incorrectos: quería irse de casa; estaba embarazada; tenía temor a estar solo; lo hizo por despecho; quería rescatar a alguien; se sentía presionado; necesitaba a alguien que le reeducase. No hay ninguna razón estupenda para casarse en esa lista, pero este no es el momento de hacer recriminaciones. Es momento de trabajar en su error y de corregir cualquier cosa que motivara la decisión original.

Rhonda se casó con Mike porque quedó embarazada. Dos años después, lamentó su decisión. Mike no era el tipo de hombre que ella realmente quería como pareja para toda la vida; era callado, aburrido e inseguro de sí mismo. Rhonda comenzó a quejarse de su esposo. Sus amigas le decían que quizá debiera divorciarse de él, ya que solamente se casó para darle un padre al bebé. Pero Rhonda y Mike eran cristianos. Yo le dije que dejara de centrarse en lo que Mike no era y que se enfocara, por el contrario, en la razón por la que quedó embarazada. ¿Qué le motivó a practicar sexo prematrimonial sin protección? ¿Había trabajado ella en esos asuntos? ¿Estaba tratando de crecer? ¿Y había compartido sus preocupaciones con Mike? La respuesta fue no a todas las preguntas.

Cuando hablé con Mike, él tenía preocupaciones parecidas. Se había casado con Rhonda por obligación, pero sentía que ella era demasiado extrovertida para él. Él se sentía más cómodo con un tipo de persona más tranquila, una mujer que quisiera ser mamá por encima de todo. Mike no había hecho esfuerzo alguno por considerar su conducta antes del matrimonio.

Los dos comenzaron a explorar las razones que había tras su promiscuidad. Rhonda pensaba que llegar a intimar con los hombres significaba practicar sexo. La falta de barreras de Mike con Rhonda tenía que ver con una gran inseguridad. Una vez que comenzamos a abordar los problemas de intimidad de Rhonda y las inseguridades de Mike en la terapia, la pareja tuvo más respeto el uno por el otro, y ambos también estaban creciendo emocionalmente. Mike salió de su cascarón y era más divertido estar con él; Rhonda se relajó cuando entendió que el amor se trataba de algo más que sexo.

Los dos nunca se habían pedido perdón el uno al otro por su conducta antes del matrimonio. Se habían arrepentido ante Dios pero no el uno ante el otro. Cuando lo hicieron, sucedió algo en la dimensión espiritual; hubo una liberación de enojo y daño.

El paso final fue orar para que Dios los ayudara a honrar el pacto que habían hecho delante de Él. Si cada uno de ellos seguía dispuesto a continuar trabajando en los problemas del pasado y del presente, seguía siendo honesto, y pedía a Dios que los cambiara según la semejanza de Cristo, había esperanza para una relación duradera.

Han pasado años, y Rhonda y Mike siguen estando juntos; pero han dejado de hacerse preguntas sobre su decisión de casarse. En cambio, se han apoyado en Dios para que les ayude a honrar esa decisión y transformarlos en lo mejor que Dios tiene.

Atascado en un mal matrimonio

Si se siente usted "atascado" en su matrimonio porque hizo una mala elección, se casó de modo inconsciente, o tuvo un lapsus de estupidez, sigue habiendo esperanza de un tiempo mejor. Es posible tener un buen matrimonio aun cuando haya comenzado mal, vaya mal, o sencillamente sienta usted que está mal. ¿Pero cómo? Comience con la creencia básica: el matrimonio es un *pacto,* no un *contrato.* ¡Después lea el resto de este libro! Lo diré de nuevo: la mayoría de matrimonios pueden salvarse. Aun cuando los problemas parezcan insalvables, las personas permanecen juntas. Puede que le sorprenda saber que resolver problemas no es la base para un matrimonio feliz y satisfecho.

¿Estoy diciendo que no hay condiciones bajo las cuales el divorcio sea permisible? No, desde luego que no. He sido terapeuta durante demasiado tiempo como para ser ingenua. Hay condiciones bíblicas bajo las cuales se permite el divorcio. Pero la mayoría de los divorcios se buscan debido a infelicidad personal, egoísmo, y falta de disposición a dar gracia y perdón. La mayoría de los divorcios se tratan de devolver el daño o de negarse a volver a ser herido.

Jesús habló de la dificultad de mantener el voto matrimonial cuando los fariseos le preguntaron sobre que la Ley de Moisés permitía el divorcio (Mateo 19:3, 7). Jesús les recordó que el divorcio fue una concesión solamente a "la dureza de su corazón" (Marcos 10:3-5). La dureza de corazón puede conducir al abuso, el abandono, y la infidelidad repetida; y esas pueden ser condiciones bajo las cuales se produce la separación y, finalmente, el divorcio. Si es usted alguien que ha sufrido violencia doméstica, repetidas aventuras amorosas, y abandono por parte de un cónyuge, esto no tiene intención alguna de condenarle o juzgarle. Obviamente, hay permiso bíblico para abordar esas condiciones mediante el divorcio. Nadie quiere que usted resulte herido o sufra; usted no es el tema de este libro.

Estoy hablando de personas que simplemente quieren divorciarse por razones distintas al abuso y la infidelidad repetida. Francamente, he visto matrimonios cambiar de modo dramático aun bajo esas condiciones. La principal queja matrimonial que oigo con mayor frecuencia es: "sencillamente no soy feliz" (relacionado con el mito 6). Muy bien, sea feliz, pero no utilice el divorcio como la solución. La infelicidad con frecuencia está relacionada con algo que hay en usted en lugar de en la otra persona.

Comience por cambiar su modo de pensar sobre el matrimonio. Si está buscando una salida legal, probablemente encontrará una; si, por el contrario, está buscando reconciliación y perdón, los dos permanecerán juntos aun bajo las circunstancias más difíciles.

La cultura americana tiende a fomentar la búsqueda de la felicidad sobre todas las demás cosas, pero cuando pasa el momento de felicidad, uno tiene que seguir tratando las consecuencias de sus elecciones. Valore el pacto. Aprenda a amar lo que Dios ama y del modo en que él lo ama, y encontrará usted gozo.

Cuando el contrato falla: John y Ann

Pensemos en John y Ann, ambos cristianos. Los dos son infelices, pero uno de ellos ha decidido que el matrimonio es contractual. Él quiere abandonar, afirmando que ya no ama a su esposa; flirtea con otras mujeres y disfruta de la respuesta de ellas, algo de lo que él dice que carece su esposa.

Lo único que John sabe es que ya no quiere seguir estando con Ann; ha abandonado emocionalmente. ¿Por qué? Él cree erróneamente que otra mujer le hará más feliz; ha decidido que su esposa es la fuente de toda su infelicidad (lo cual, a propósito, es ridículo; ver el mito 4). Se ha creído el mito del contrato: él ya no obtiene lo que quiere, así que buscará a otra pareja que le dé lo que necesita. En ningún punto de la conversación hay un interés por el compromiso a largo plazo que él hizo con su esposa. "En lo bueno y en lo malo" fue solamente un cliché. "Quédate y soluciónalo" no es en absoluto algo en lo que quiere pensar.

John y Ann representan a cientos de parejas que acuden a terapia. Cuando yo los desafío en el tema del pacto, ellos no quieren aceptarlo. ¿Por qué? Porque significa que el escape no es una solución. Si John y Ann escogen a un terapeuta cristiano, sucederá una de tres cosas:

1. John trabajará en su infelicidad personal y honrará su compromiso. Inevitablemente aprenderá que Ann no es la fuente de toda su infelicidad.

2. John estará muy incómodo con alguien como yo que le diga que honre su pacto. Puede que deje la terapia y haga lo que quiera. Les dirá a otros que lo intentó con la terapia y que no funcionó.

3. John seguirá creyendo que el matrimonio es un contrato. Eso encaja en su deseo de divorciarse, y lo hará.

Cuando uno decide poner fin a una relación, se comporta de modo distinto. Saber que uno puede abandonar cuando las cosas se pongan difíciles lo cambia todo. Es más fácil ofenderse y guardar la ofensa; es más fácil no intentarlo; es más fácil buscar gratificación en otra parte; es más fácil quedar defraudado; es más fácil justificar la conducta, tirar la toalla, y enfocarse en lo que uno no está obteniendo; es más fácil culpar a la otra persona. De hecho, uno se ve casi obligado a hacer todas esas cosas para reforzar su obsesión por abandonar.

En 1977, los políticos en Louisiana quisieron hacer algo para frenar el alto índice de divorcio. Su idea era que si el divorcio no era tan fácil de conseguir, quizá las personas trataran de solucionar los problemas. Como resultado, Louisiana adoptó las primeras leyes de pacto matrimonial en los Estados Unidos. Las parejas acuerdan voluntariamente y legalmente recibir consejo prematrimonial y no divorciarse a menos que haya adulterio, abuso o abandono. Para las parejas que están considerando el divorcio, se autorizó un periodo de espera de dos años. La intención de esa ley era alentar a las parejas a hacer todo lo posible para que se produzca la reconciliación: una idea novedosa en la actual cultura del divorcio. Sin embargo, solamente tres Estados tienen leyes de pacto matrimonial, y el índice de personas registradas es apenas impresionante. Aun así, la intención de las leyes de pacto matrimonial es honrar la idea del matrimonio para toda la vida.[1]

La iglesia finalmente ha comenzado a hablar. Ministerios, consejeros y conferencias enfocados a la familia han movilizado recursos para ayudar a personas a afirmar sus votos. Pero si usted no cree que el matrimonio es un pacto, ningún encuentro o seminario para matrimonios al que asista importará, pues todo caerá en oídos sordos. ¿Se ha preguntado alguna vez por qué tenemos un índice tan alto de divorcio a pesar de toda esta ayuda disponible? Puede que usted tenga las mejores intenciones, pero terminará como Don y Renee.

Don y Renee

Don y Renee hicieron todas las cosas bien antes del matrimonio. Se conocieron durante dos años, salieron durante un año, y se comprometieron durante ocho meses. Cuando la boda estaba cerca, se conocían bien el uno al otro. Asistieron a cursos prematrimoniales en la clínica local y se reunieron con su pastor regularmente. Los padres de Don llevaban treinta años casados; tenían sus momentos de conflicto, pero Don nunca dudó de su amor y su compromiso el uno con el otro. Don tenía confianza en que podría darle un compromiso así a Renee.

Renee tenía más dudas. Sus padres se divorciaron después de veinte años de matrimonio, alegando diferencias irreconciliables. Siendo ella adolescente cuando se divorciaron, Renee nunca supo qué "diferencias irreconciliables" tenían sus padres. Ellos no se peleaban, y las amigas de Renee le decían que "diferencias irreconciliables" era el estándar que los padres utilizaban para mantener a uno fuera de sus asuntos y poner fin a un matrimonio. Pero no saberlo molestaba a Renee, y le hacía cuestionarse su propia capacidad de mantener un compromiso para toda la vida.

Renee mencionó su preocupación a Don, y él comprendió su temor, que estaba basado en el divorcio de sus padres. Él le aseguró que ella no estaba abocada a repetir ese patrón, pero Renee no estaba tan segura; recordaba sus pasadas relaciones con novios, y cada vez que se encontraba con un conflicto importante, abandonaba. Pensó en el sufrimiento que pasó cuando su padre se fue, y estaba decidida a no experimentar nunca más rechazo por parte de un hombre. Dolía demasiado; por tanto, ella era la que abandonaba cuando las cosas iban mal. Estaba preocupada por su temor al rechazo, pero se sentía demasiado avergonzada para contárselo a nadie. Después de todo, tenía a un hombre que la quería.

En los años siguientes, Don y Renee soportaron los típicos ajustes en el matrimonio. Cuando discutían, Renee amenazaba con irse, y Don le pedía repetidamente que no hiciera tal cosa. Ambos debían estar comprometidos el uno con el otro. ¿Por qué le lanzaría ella esa amenaza a la cara? Quizá necesitara hablar con alguien que pudiera ayudarla a tratar su temor.

Renee juró que no volvería a amenazar con marcharse, pero en mitad de una discusión le salían esas palabras. Se sentía impotente cuando las decía, y tampoco le importaba observar el dolor que había en los ojos de Don. Su pasado seguía invadiendo sus pensamientos. "Ningún hombre me hará daño como mi papá hizo cuando se fue. A mí no me abandonarán. Yo seré la primera en abandonar, aun si hago daño a Don. Ni siquiera quiero sentir ese tipo de dolor otra vez".

Las peleas eran cada vez más frecuentes. Renee amenazaba con divorciarse, y realmente se iba de la casa durante horas. Mientras estaba fuera, se decía a sí misma lo equivocado que era irse: "Soy igual que mi padre". Quizá ella no pudiera realmente solucionar las diferencias. Quizá un compromiso para toda la vida para ella fuera sencillamente un cuento de hadas.

Así que habló con sus amigas. Una amiga divorciada le dijo: "Nunca puedes saber realmente cómo es alguien hasta que vives con él. Ahora que estás casada, estás viendo cómo es Don en realidad, y quizá no te gusta lo que ves. Ningún hombre merece una tristeza continua. Ahora quizá entiendas mejor por qué yo estoy divorciada. ¿Quién puede vivir con alguien que discute todo el tiempo? No deberías darle a ningún hombre ese tipo de poder sobre tu vida. Quizá deberías separarte durante un tiempo".

A Renee le pareció atractiva la separación, pues le daría tiempo para pensar. Ella podría conquistar el temor a ser abandonada si pasaba tiempo alejada de Don; pero seguía estando demasiado avergonzada de hablarle a nadie sobre su temor. ¿Acaso no era una locura que una mujer de veintiocho años reaccionara a algo que sucedió hace años? En lugar de tratar su temor, ella comenzó a cuestionar sus creencias sobre el matrimonio. El matrimonio entre dos buenas personas no siempre funciona: eso fue lo que su amiga le dijo. Comenzó a creer una mentira, racionalizando que ella realmente no había estado preparada para casarse con nadie con ese temor al rechazo.

Don y Renee se separaron, pero acordaron reunirse para sesiones de terapia matrimonial. Su amiga le recomendó al terapeuta. Don no entendía lo que turbaba a su esposa, pero estaba seguro de que podría solucionarse. Después de todo, su matrimonio era un pacto.

El terapeuta le preguntó a Renee si ella compartía la perspectiva de Don sobre el pacto.

—Realmente no—respondió ella—. Nunca lo he visto funcionar en nadie en mi familia. Provengo de una larga línea de divorcios. Yo esperaba que pudiera ser diferente, pero pensar eso fue algo ingenuo; es irrealista esperar que dos personas permanezcan juntas toda la vida. No me malentienda. Es una fantasía estupenda.

La mentira estaba firmemente implantada. Desde ese punto en adelante, quedó claro que Don tenía un punto de vista diferente. Tristemente, Renee escogió evitar su temor y aceptar el mito de que honrar su pacto matrimonial era imposible. Ella no había reforzado su modo de pensar con la Palabra de Dios; por el contrario, hablaba solamente con quienes le decían lo que ella quería oír y jugaban con sus temores. Como consecuencia, Renee y Don se divorciaron sin ni siquiera abordar los temores de Renee o la perspectiva bíblicamente incorrecta sobre el matrimonio.

¿Cómo pudo Renee cambiar sus pensamientos tan fácilmente? Ella no conocía la verdad. Al primer signo de problemas, tuvo pánico y se permitió a sí misma repetir un viejo patrón familiar. En lugar de buscar una solución bíblica mediante el consejo piadoso, acudió a amigas con buena intención pero igualmente desarraigadas. Se permitió a sí misma ser engañada. Cuanto más hablaba con quienes veían el matrimonio contractualmente y se divorciaron como solución a su infelicidad, más se alejaba de la idea de Dios de pacto. Cuanto más escuchaba los consejos de amigas descontentas, más se convencía de abandonar.

Renee no es una mala persona, y nunca quiso terminar como sus padres. Tenía las mejores intenciones y hasta se preparó para el matrimonio de todas las maneras correctas excepto una: no guardó su mente. Cuando sus pensamientos se volvieron confusos, no los comprobó con la Palabra de Dios. Sus temores la condujeron a personas que no compartían su fe; por tanto, lo que escuchaba era contrario a la Palabra de Dios.

Muchos de ustedes son como Renee: no están tan seguros de lo que creen. Cuando llegan las dificultades, son ustedes blandos y moldeables, y buscan a personas que solo les digan lo que ustedes quieren oír. La amiga de Renee no trataba de destruir su matrimonio, sino que pensó que le estaba dando un buen consejo. A veces es útil oír cómo otra persona manejó un problema de relaciones; uno no se siente tan mal cuando conoce a otras personas que han pasado por un problema similar. Pero realmente debe considerar cuál es el sistema de creencias de quien le aconseja. La única pregunta importante es: ¿Está de acuerdo ese consejo con la Palabra de Dios? Si no lo está, ignórelo.

¿Y si Renee hubiera hablado con una amiga que creyera en el pacto bíblico? Si la pareja hubiera buscado consejo de un terapeuta cristiano, habrían sido alentados a permanecer fieles a su fe y tratar los temores de Renee.

Rechazar el mito; permanecer en la verdad

El matrimonio es un pacto entre Dios y dos personas. No permita que cualquier otra perspectiva eche raíz en su corazón. Guarde su corazón. ¿Cómo? Sabiendo lo que Dios dice sobre el pacto matrimonial; al rechazar la idea del contrato matrimonial; al permanecer firme en la verdad. Puede que usted necesite terapia, pero vea a alguien que esté de acuerdo con la perspectiva de pacto. El matrimonio es un pacto santo, y no un mero contrato entre dos personas.

Estrategias para un matrimonio sano

- Cambie su modo de pensar. El matrimonio es un pacto, y no un contrato que puede romperse.
- Obtenga ayuda si su matrimonio tiene problemas. Vea a un terapeuta que apoye la perspectiva bíblica del pacto matrimonial, preferiblemente alguien que tenga un historial de honrar su propio pacto matrimonial.
- Muestre amor incondicional a su pareja, tal como Cristo modeló. Esto requiere paciencia, perdón, compasión y capacitación. Esto no significa que usted pase por alto los problemas; significa que su respuesta a los problemas debe ser piadosa.
- Ore por restauración a fin de poder honrar su pacto.
- Crea que es posible.

CAPÍTULO 4

La familia importa

MITO 2 — ¡Me casé contigo, no con tu familia!

Esto es realmente una locura. Me casé con mi esposo sin ni siquiera conocer a su familia. ¡Los conocí la semana de nuestra boda! Un movimiento poco inteligente. Uno no se casa con alguien sin llegar a conocer a la familia. ¿Por qué? Porque cuando se casa, el resto de la familia entra en el trato, lo quiera usted o no. Cuando yo me casé, no entendía esto; pensaba que amor era amor, y las familias tenían poco que ver con la felicidad de la pareja. Yo era ingenua.

Antes de que imagine alguna horrible razón por la cual yo nunca conocí a la familia de mi futuro esposo, tengo una excusa estupenda. Al menos en aquel momento parecía ser una excusa estupenda. Su familia vivía casi al otro lado del mundo, en Argentina. Yo pensé: "Son misioneros; ¿acaso podrían ser malos? Realmente, no podrían estar predicando el evangelio y estar matando a hachazos a personas en su tiempo libre". Al menos esa era mi esperanza. Afortunadamente, todo resultó bien.

Aun así, aquel no fue un paso inteligente. Conozca a la familia antes de la boda, pues eso ahorra mucha tristeza al final. La familia de su cónyuge forma más parte de su relación de lo que usted probablemente piense. Pase tiempo con ellos y llegue a conocerlos antes de hacer cualquier compromiso. Preste atención a los asuntos familiares a fin de evitar este mito que hará descarrilar su matrimonio. Esta es la razón.

¡Usted duerme con otras cinco personas!

Considere este adorable pensamiento: ¡hay al menos cinco personas en su cama matrimonial! Ahora bien, no esté buscando cuerpos, pues no están ahí físicamente (y si lo están, *realmente* tenemos que hablar). Dos familias están emocionalmente presentes: usted y sus padres, y su cónyuge y sus padres. Y si su cónyuge tiene hermanos, la cama está aún más concurrida. Hay un sistema familiar completo que se une a usted en su matrimonio.

La mayoría de ustedes probablemente no prestaran mucha atención a la familia de su cónyuge cuando se casaron; y, si lo hicieron, no hay duda de que fue solamente durante un segundo. Si es usted como yo, no se preocupó en absoluto por el comportamiento de la familia más amplia; después de todo, estaba usted ensimismado con su nuevo amor, y solo tenía que estar con el grupo más grande en ocasiones especiales.

Aunque sus familias puede que no estén físicamente presentes en su hogar, sí que aparecen en los pensamientos, creencias y actos de usted y de su cónyuge. Los dos actúan de maneras que apoyan lo que aprendieron de pequeños. Es cierto que a veces ustedes se rebelarían y tratarían de oponerse a esa formación en el proceso de llegar a ser ustedes, pero ese proceso implica integrar partes de la familia en quién es usted. Usted toma partes buenas y partes no tan buenas, y son las partes no tan buenas las que normalmente causan problemas.

Mientras usted trata de integrar todas las partes del yo en la persona total, también debe trabajar en separarse de su familia; y esta separación emocional y física es engañosa.

Se necesita una gran capacidad para ser la persona única y singular mientras se sigue unido a la familia. Cuanto mejor pueda separarse emocionalmente y seguir manteniendo su relación familiar, mejor pareja será para el matrimonio. Es necesario desarrollar un fuerte sentimiento de "yo"; de otro modo, usted esperará que su cónyuge complete las partes que faltan.

Encontrar el "yo"; después desarrollar el "nosotros"

Joe y Robin se casaron jóvenes; ambos estaban enojados con sus familias por diferentes razones. El papá de Robin era alcohólico; la mamá de Joe estaba enferma crónicamente. Cada noche, cuando el padre de Robin bebía, comenzaba el terror de la familia. Algunas noches él se quedaba dormido y no molestaba a nadie; otras noches arremetía contra su esposa con ataques verbales y amenazas de hacerle daño. Robin enseguida se escondía en su cuarto, tratando de evitar la furia de su papá borracho. Afortunadamente, él no parecía notar si ella estaba por allí. Valerie, su hermana mayor, no fue tan afortunada. Valerie se convirtió en el nuevo objetivo de los asaltos alcohólicos de él: las humillaciones verbales eran seguidas de brutalidad física.

Cuando Joe le pidió a Robin que se casara con él, su sí fue inmediato. Ella quería desesperadamente escapar de su impredecible y abusivo hogar. La mamá de Joe estuvo enferma la mayoría de la niñez de él; tenía una enfermedad progresiva que finalmente la dejó postrada en cama. Su padre trabajaba muchas horas extra, tratando de pagar las facturas del médico; rara vez pasaba tiempo con sus dos hijos, pero contaba con las contribuciones de ellos a los ingresos de la familia en cuanto ellos pudieron contribuir. Al ser el hijo mayor, Joe se sentía responsable de ayudar a su papá; dejó la escuela para trabajar a jornada completa. Finalmente su mamá murió, y Joe se vio trabajando aún más horas. Su juventud la pasó en la crisis familiar, y Robin le distraía del dolor y le hacía sentirse completo.

Desde el principio Joe y Robin comenzaron a distanciarse, y pronto estaban ya pensando en el divorcio. El terapeuta identificó fácilmente el problema. Ni Joe ni Robin habían desarrollado un fuerte sentimiento de quiénes eran aparte de sus familias, y tampoco sabían lo que querían. Era fácil culparse el uno al otro en lugar de afrontar su dolor personal.

Joe nunca pensaba mucho en sus propias necesidades, pues estaba demasiado ocupado pagando las facturas médicas de la familia. Esperaba que Robin pudiera leer su mente para saber cuáles eran sus necesidades. Secretamente, esperaba que su esposa fuera la mamá que nunca tuvo.

Robin tampoco tenía idea de cuáles eran sus necesidades o deseos, pues pasó la mayoría de su niñez permaneciendo fuera del camino de un borracho impredecible. Joe no bebía, pero era adicto al trabajo; algo sobre la manera en que él la ignoraba le resultaba familiar. No podía llegar a comprender que ella esperaba que Joe fuera el papá atento que nunca tuvo.

Joe y Robin hicieron lo que muchas parejas hacen: casarse inconscientemente esperando que la nueva persona complete partes que faltan dentro de ellos mismos. Cuando eso no sucede, se divorcian.

El trabajo que Joe y Robin tenían que hacer era significativo, pues ambos tenían que definir quiénes eran aparte de sus sistemas familiares. Tenían que abordar los problemas familiares, y no evitarlos; luego tenían que lamentar lo que sentían que no obtuvieron, perdonar a sus padres, y descubrir cómo la familia influenció en su propio desarrollo.

Joe y Robin tenían que descubrir quiénes eran antes de poder evaluar con exactitud su matrimonio. El divorcio no era la respuesta; necesitaban encontrar su "yo" individual y después desarrollar un "nosotros". Cuando se tiene un "nosotros" sin ningún "yo", comienzan los problemas.

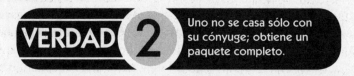

VERDAD 2 Uno no se casa sólo con su cónyuge; obtiene un paquete completo.

Cuando usted crece en una familia, aprende patrones de conducta que permanecerán con usted siempre a menos que trabaje para cambiarlos. Usted empleó sus años de niñez y adolescencia definiendo en quién se convertiría. Su individualidad emerge de las relaciones familiares; la familia no es la única influencia, pero es una influencia bastante importante.

Desarrollar la individualidad requiere trabajo emocional; usted tiene que convertirse en una persona separada mientras sigue conectada a su familia. El modo en que maneje usted la individualidad y la cercanía importa; debe encontrarse a usted mismo y a la vez no perder su vínculo. Para la mayoría de las personas esto no es una tarea fácil; pero encontrar un balance entre la individualidad y la conexión familiar es una clave para establecer un matrimonio sano.

Este balance es difícil de lograr debido a los vínculos emocionales familiares. Las familias pueden ser potentes sistemas de intensa emoción y lealtad. ¿Le resulta familiar cualquiera de las siguientes afirmaciones? Mantienen a las personas atascadas en el proceso de separación:

- Se siente culpable si se aparta, tiene sus propios pensamientos, o hace las cosas de modo diferente.
- Se siente obligado a ocuparse de los familiares más débiles.
- Decide mantener peligrosos secretos familiares por lealtad al grupo.
- Tiene temor de irse de casa.
- Está enojado por ciertos problemas familiares y, como consecuencia, no quiere tener nada que ver con sus familiares.

El balance entre separación y conexión es difícil de lograr, porque los miembros de la familia tienen poder interpersonal. Las personalidades fuertes pueden ser abrumadoras. Pueden formarse alianzas. Los hermanos pueden unirse los unos en contra de los otros. Se forman subgrupos. Los familiares pueden abusar del poder y jugar con los sentimientos de manera poco sana. Usted quiere estar emocionalmente cercano y, a la vez, no tan cerca que pierda de vista quién es usted. Por otro lado, no puede lograr la separación evitando a su familia.

Separado, pero unido

Su capacidad para lograr salir de su sistema familiar y funcionar como una persona por separado tiene que ver con lo bien que sus padres hicieron eso. Si sus padres equilibraron la balanza de cercanía-separación, usted aprenderá a hacer lo mismo. Si, por otro lado, sus padres fueron incapaces de definirse a sí mismos, reaccionaban mucho ante el otro, o estaban emocionalmente separados, usted estará en una posición similar. Básicamente, su identidad separada está determinada por lo bien que sus padres se definieron a sí mismos en sus familias cuando eran pequeños.

Si esto es deprimente, la siguiente es otra idea que da qué pensar. *La mayoría de las personas se casa con alguien que tiene el mismo nivel de autodefinición que ellos.* Puede que no lo parezca superficialmente. Esta es la clásica creencia: "Soy muy dependiente de mi familia, pero me casé con un hombre independiente".

En realidad, lo que sucede realmente es esto: un cónyuge se las arregla con los problemas familiares apartándose, y el otro al quedar atascado en la cercanía. Se encuentran el uno al otro porque los dos carecen de un claro y buen sentimiento del "yo". Uno no está más definido que el otro; sencillamente se las arreglan empleando estilos opuestos. La persona dependiente envidia a la que es distante, y viceversa. Los dos se atraen porque quieren lo que el otro tiene (conexión o distancia). Madurar en sus años de adolescencia y juventud implica dar pasos hacia llegar a ser una persona separada de su familia. A medida que entra usted en la madurez, finalmente deja el sistema familiar y se abre su propio camino en el mundo (al menos esa es la esperanza). Este proceso de dejar el hogar no es solamente un paso físico, sino también un paso emocional y espiritual. Cuanto más haya desarrollado un sentimiento completo de quién es usted, mejor pareja de matrimonio será.

Usted será más saludable, y será atraído hacia alguien que también esté separado y conectado al mismo nivel. También tendrá una buena idea de cómo mantener su autoidentidad a la vez que está en una relación, y eso es algo bueno. Los problemas emergen cuando ese proceso de separación se queda atascado. Hay dos maneras en que podría suceder: o bien usted corta relaciones familiares, pensando que es una buena manera de llegar a ser independiente, o bien se vuelve demasiado dependiente y no tiene sentimiento de autoidentidad. Se pierde el "yo", y va buscando usted un "nosotros". Veamos ambas respuestas.

Distancia emocional

Algunas personas confunden independencia con corte emocional. No hablan mucho con sus familias; tienen poco contacto y tratan las relaciones familiares *no* tratándolas. Esas personas puede que parezcan ser independientes, pero no lo son; no han aprendido la conexión familiar y, como resultado, los miembros de la familia están emocionalmente o físicamente distanciados. Cuando surgen conflictos, los miembros de la familia no los abordan, y se distancian a sí mismos. Cuando las cosas se ponen tensas, se alejan. El hombre emocionalmente distanciado puede parecer fuerte e independiente para una mujer dependiente, pero no lo es; él se las arregla alejándose de la gente. Esas personas tienen problemas de relaciones.

Las personas que se distancian se implican poco en sus familias originales. Normalmente hacen sus propias cosas y no recurren a los miembros de su familia para obtener apoyo. No se utilizan los unos a los otros para resolver problema. La distancia es una reacción extrema al problema de equilibrar el yo emocional e intelectual.

Cercanía pegajosa

El otro extremo es ser criado en una familia en la cual usted nunca desarrolle un sentimiento de "yo" debido a que todos tienen las mismas ideas de grupo. El mensaje de la familia es que usted no ha de tener pensamientos independientes; como consecuencia, usted nunca desarrolla su propia voz. Es usted totalmente reactivo a las personas de su familia y no puede mantener un sentimiento de "yo" por separado. Cuando las emociones están a flor de piel y llega el conflicto, usted permanece fiel a la familia a toda costa. Ya que no sabe qué pensar o sentir, tiende a ser fácilmente influenciado por otros.

En esas familias, sus miembros tienen fuertes vínculos emocionales los unos con los otros. Se demanda lealtad a la familia, y la cercanía excesiva es el pegamento que mantiene unidos a todos. Las personas son demasiado dependientes las unas de las otras, y normalmente reaccionan en exceso; hay poca separación personal. Básicamente, se tiene demasiado de algo bueno. Usted está tan conectado que no sabe cuándo usted termina y comienza la otra persona. Tiene problemas para establecer fronteras, para tomar decisiones, para desarrollar sus propios intereses, y para estar a solas. Como probablemente podrá imaginar, esas personas también tienen problemas en las relaciones.

Cuando el distanciado Harry conoce a la pegajosa Sally

Usted necesita ayuda cuando opera en uno de los dos extremos: demasiada cercanía o demasiada distancia. Lo que frecuentemente sucede es que la persona distanciada encuentra a la persona pegajosa. La persona distanciada es atraída hacia la cercanía (aunque sea demasiada) de la persona pegajosa, y la persona pegajosa es atraída hacia la independencia (aunque sea demasiada) de la persona distanciada. Ven algo el uno en el otro que les gustaría tener. Pero como aprendió anteriormente, los dos batallan con la separación y la cercanía. Ninguno de los dos es mejor que el otro.

Pensemos en la historia de Harry y Sally (no, no la pareja de la película. Sencillamente me gustan los nombres). Es típica de muchas parejas que tienen problemas de relaciones. Harry creció en una familia con otro hermano, una madre y un padre. Al ser el menor de los dos, siempre se sintió de algún modo perdido y descuidado. El padre de Harry era un hombre rígido que veía la mayoría de las cosas blancas o negras.

Cuando el papá de Harry cumplió los dieciocho años de edad, quiso irse de su solitaria casa. Su padre (el abuelo de Harry) era alcohólico, y bebía casi todas las noches; su abuela estaba deprimida y se quedaba en su cuarto para evitar a su esposo. El papá de Harry se alistó en los Marines y le fue bien; su capacidad de negar sus sentimientos y ponerlos en un estante se vio reforzada en el ejército, pues allí podía suprimir sus emociones y prosperar. Las emociones no servían; tuvo que ocuparse de sí mismo y no quejarse por ello.

La mamá de Harry, Alice, era una mujer agradable pero triste; rara vez hablaba sobre sus necesidades, y hacía todo lo que su esposo le pedía. Alice creció en un hogar con una madre ansiosa que era dependiente de otros para que se ocuparan de ella. El papá de Alice se fue cuando ella tenía tres años de edad, y su madre nunca se recuperó de su ausencia. Lloraba constantemente, y Alice se sentía responsable de la infelicidad de su madre. Enseguida aprendió a no tener necesidades, estando demasiado ocupada tratando de evitar que su madre llegara a pensar en el suicidio.

La familia de Harry se mudó debido al puesto militar de su padre. Su hermano mayor, Billy, parecía disfrutar de los traslados; él era extrovertido y hacía amigos con facilidad, y también era atlético y un buen estudiante, así que el cambio era fácil para Bill. Harry, por otro lado, era tímido y no tan atlético; aborrecía las mudanzas porque le resultaba difícil hacer amigos y tratar de encajar en nuevas actividades. Harry pasaba mucho tiempo solo en su cuarto.

Ni el padre ni la madre de Harry sabían cómo ayudar a su hijo a ajustarse emocionalmente al cambio. El papá de Harry le decía que no fuera un debilucho; su mamá simplemente lloraba, diciendo que se sentía como si ella también se estuviera derribando.

Cuando Harry se graduó en el instituto, comenzó a trabajar en una gasolinera local. Su padre lo presionaba para que se alistara en el ejército, diciendo que eso le endurecería y le haría un hombre. Su madre rara vez hablaba, y pasaba la mayoría de los días sola en su dormitorio. Cuando Harry conoció a Sally, pensó que ella podría llenar el agujero que había en su corazón.

Sally provenía de una familia grande. La familia reía, lloraba y pasaba tiempo junta: se reunía muchas veces. Harry disfrutaba de la emoción que había en las reuniones de la familia de Sally, aunque ellos eran demasiado intensos. Gritaban, discutían, y algunas veces llegaban a emborracharse, pero parecían querer estar juntos. Sally estaba muy unida a su madre y a su padre; de hecho, su padre le daba constantes consejos sobre cómo vivir su vida. De hecho, todos en la familia de Sally tenían una opinión sobre cómo debería ser Sally. Ella simplemente se reía de eso, y lo mismo hacía Harry.

Poco después de que Harry y Sally se casaran, descubrieron problemas. Harry estaba molesto porque Sally llamaba a su madre todos los días, y él no quería que la familia de ella se metiera en su vida. Sally le habló a su familia de los problemas económicos de la pareja.

Sally estaba furiosa con Harry porque su familia nunca llamaba; ella se sentía engañada en la relación. La familia de él no la conocía, y parecía no importarle; ella no podía entender cómo pasaban meses sin que Harry llamase a sus padres; también comenzó a sentir una fría distancia de parte de Harry. Por tanto, Sally comenzó a quejarse de su familia política, y finalmente sus quejas incluyeron también a Harry: "Eres igual que tu padre, distante y frío. Pero yo no soy como tu madre. Yo voy a hablar".

A medida que la tensión aumentaba, Harry pasaba cada vez más tiempo en el trabajo; evitaba regresar a su casa y estar a solas con su esposa, sabiendo que ella se quejaría de su distanciamiento emocional. ¿Por qué oírlo? Solamente le hacía sentirse mal.

Harry y Sally visitaron a un terapeuta; se dirigían hacia el divorcio. En la terapia, Harry comenzó a comprender que su padre siempre había estado distanciado emocionalmente. Debido a que su padre tuvo que trabajar y ayudar a su familia cuando era pequeño, tuvo poco tiempo para ser un niño. El distanciamiento emocional era generacional. El padre de Harry aprendió a suprimir sus sentimientos, y pasó ese patrón a su hijo. Papá no supo cómo enseñar a su hijo a crecer emocionalmente porque nadie le había ayudado a él. Él esperaba que Harry tratara con ello por sí solo, y cualquier otra cosa era quejarse de lo que no podía cambiarse. Ahora Harry actuaba igual que su papá; se estaba distanciando de Sally.

La estrecha unión de la familia de Sally también creó problemas para ella. Su propia abuela había consentido a su mamá desde que estuvo a punto de morir cuando era una niña. La abuela tenía temor de que la mamá de Sally muriera, y por eso era demasiado atenta.

No es sorprendente, entonces, que cuando Sally era niña su mamá temiera que pudiera enfermar y morir. Sally también adoptó ese temor; aprendió a ser leal a su mamá toda costa, manteniéndola informada y asegurándole que ella estaba bien. La cercanía de Sally había nacido del temor, el temor a que pudiera suceder algo que estuviera fuera de su control. Ella necesitaba el apoyo de su familia; eso fue lo que salvó a su mamá. Para Sally, los vínculos familiares eran vitales; el problema era que la cercanía de Sally era pegajosa: demasiado pegajosa.

Cuando Harry encontró a Sally él aportó al matrimonio su patrón emocional de distancia emocional, mientras que Sally aportó su fuerte necesidad de cercanía. Cada uno de ellos era demasiado radical en sus reacciones; cada uno de ellos carecía de equilibrio.

Para que Harry y Sally volvieran a situar en curso su matrimonio, era esencial que se produjeran cambios. Harry tenía que desarrollar cercanía emocional, y Sally, más autonomía. Si ambos pudieran llegar a un buen equilibrio, podrían usar sus capacidades para ayudarse el uno al otro.

Hacer cambios

¿Cómo se equilibran cercanía y distancia? Comience por decidir dónde encaja en una línea continua desde distanciamiento hasta demasiada cercanía.

Distancia _____ Equilibrio _____ Cercanía

Cuanto más cerca esté del punto central en esa línea imaginaria, mejor. Si no está seguro de dónde está, considere lo siguiente:

Si su respuesta a las siguientes preguntas es afirmativa, está usted en el lado pegajoso:

1. ¿Implico a mi familia en asuntos íntimos?
2. ¿Les pido a mis padres consejos constantemente?
3. ¿Me pregunto quién soy fuera del sistema de mi familia?
4. ¿Necesito el apoyo de mi familia para sobrevivir?
5. ¿Soy más leal a mi familia que a mi cónyuge?
6. ¿Tengo problemas con las fronteras?
7. ¿Tengo pocos pensamientos independientes?
8. ¿Necesito hablar con mis padres diariamente o necesito constantemente personas a mi alrededor?
9. ¿Necesito que mi familia me dé mucha seguridad constante de que he hecho lo correcto?
10. ¿Me siento más unido a mi familia que a mi cónyuge?

Si su respuesta a las siguientes preguntas es afirmativa, está usted más en el lado del distanciamiento.

1. ¿Tengo poco contacto con mi familia original?
2. ¿Paso vacaciones, cumpleaños y eventos importantes solamente con mi cónyuge, o con la familia de mi cónyuge?
3. ¿Evito resolver conflictos?
4. ¿Me alejo de discusiones o de conversaciones tensas?
5. ¿Me enorgullezco de no necesitar a mi familia o de mostrarles lo exitoso que soy sin ellos?
6. ¿Escucho a mi familia solamente en los momentos de crisis?
7. ¿Me gustaría tener familiares distintos?

8. ¿Me guardo para mí mismo pensamientos y sentimientos íntimos?

9. ¿Espero manejar todas las situaciones por mí mismo?

10. ¿Me aferro a problemas dolorosos que nunca han sido reconocidos?

Si se encuentra usted inclinado hacia un extremo o el otro, las siguientes son maneras de comenzar a hacer cambios.

Sugerencias para quienes están distanciados

- *Oblíguese a implicarse más con su familia original.* Llámelos, hable con ellos, e interésese por lo que les sucede a las personas con las que convivió en un tiempo. No tiene que volver a vivir en su casa o convertirse en el mejor amigo de ellos, pero esfuércese por ser interactivo, pues no será fácil ni se sentirá usted cómodo. Cuanto más se obligue a implicarse con su familia original, más fácil será con su cónyuge. ¿Por qué? Porque aprenderá a hablar, a resolver conflictos, a controlar sus emociones y a mostrar gracia: todas las capacidades que no practicó cuando crecía y que ahora necesita.

- *No se distancie cuando las cosas se pongan tensas.* Su impulso será encerrarse o evitar problemas cuando estos surjan. No lo haga. No se dé una salida a usted mismo. Decida resolver los problemas a pesar de lo mucho que quiera evitarlos.

- *Aprenda capacidades para resolver conflictos.* Concretamente, aprenda cómo resolver problemas y negociar con otro. Puede que necesite llegar a ser más flexible y menos rígido. Cuando no le guste lo que está sucediendo o no se salga con la suya, aprenda a liberar la necesidad de controlar. Enfóquese más en colaborar en lugar de oponerse. Afronte el temor a la intimidad preguntándose: ¿seré rechazado si intento acercarme? ¿resultaré herido? ¿me veré estúpido? ¿sabré qué hacer?

- *Comparta actividades e intereses.* No pase todo su tiempo haciendo cosas a solas. Implique a su cónyuge en su vida. Invite a su familia a participar en una actividad; invítelos a cenar, a jugar, a ver una película: comience con una sola idea, y después deja que crezca.

- *Acuda a su familia para obtener apoyo y resolver problemas.* Aprenda a permitir que otros le apoyen; no tiene por qué ser el "llanero solitario". A fin de edificar apoyo familiar, debe comunicarles cómo le va, y eso requiere cierto grado de apertura y vulnerabilidad.

- *Si se ha distanciado por motivos de abuso, no acepte la conducta abusiva; puede que sea capaz de establecer una nueva conexión apropiada.* No estoy sugiriendo que permita el abuso o que lo ignore. A veces, cuando confronta el abuso, los miembros de la familia le aislarán. Lo que estoy sugiriendo es que, con fronteras adecuadas y tolerancia cero del abuso, puede ser posible una nueva conexión. Siempre es una buena idea trabajar con un profesional experimentado de la salud mental a la hora de tratar cualquier tipo de abuso y dinámica familiar. Hay muchos problemas que considerar, y su seguridad tiene una importancia suprema.

Sugerencias para quienes tienen demasiada cercanía

- *Encuentre su voz.* Forme una opinión y exprésela; intente hacerlo a pesar de lo incómodo que se sienta. No se limite a estar de acuerdo con alguien a menos que lo esté de verdad; piense en lo que usted siente en su interior, y sepa lo que sabe. Puede que se necesite trabajo para identificar sus pensamientos y sentimientos y después expresarlos. A las personas que le rodean puede que no siempre les guste quién es usted, pero eso es parte del proceso. Hable.

- *Haga cosas alejado de los demás.* No tenga temor a estar solo o a hacer cosas alejado de la familia. No necesita usted a la gente 24 horas al día. Si es así, entonces tiene que trabajar más para salir de la cercanía emocional. Usted es más competente de lo que cree; utilice sus capacidades para brillar.

- *Establezca fronteras.* Su principal lealtad es hacia su cónyuge, no hacia su familia original o sus amigos. No les informe de cada vez que respira; no implique a todo el mundo en sus negocios. Desarrolle una fuerte unidad de pareja.

- *No busque la aprobación de los demás.* Su familia le enseñó lo que pudo; ahora usted tiene que decidir lo que es correcto y actuar en consecuencia. No necesita la aprobación de su familia, ni la de ninguna otra persona. Esfuércese por agradar a Dios; haga lo que Él le diga, y caminará en la dirección correcta. Él es su autoridad final, y Él le ha dado muchas pautas sobre cómo conducirse en las relaciones.

- *Piense, y no deje que sus emociones le sobrepasen.* Cuando llegue el estrés, no permita que sus emociones le dirijan; utilice su cabeza para dominar sus emociones. Es humano tener emociones, pero tomar decisiones basadas en ellas es peligroso, porque las emociones no son confiables. Aprenda a equilibrar sus emociones y su intelecto.

¿Es realmente necesario todo este trabajo?

La respuesta es sí; todo este trabajo es necesario para tener una relación matrimonial fuerte. Si no define quién es usted antes del matrimonio, tendrá que hacerlo durante el matrimonio. Si lo hace antes de casarse, lo más probable es que encuentre un cónyuge más saludable. Si espera hasta estar casado, lo más probable es que ambos tengan que trabajar en este asunto. El trabajo de autodefinición puede lograrse dentro del matrimonio, aunque es un poco más difícil porque usted está tratando con sus "cosas" y con las "cosas" de su cónyuge al mismo tiempo.

El mito que las parejas creen es que deben separarse o divorciarse a fin de poder hallarse a sí mismos. Descubrir su "yo" dentro del matrimonio es posible con la ayuda de un consejero matrimonial competente. En ocasiones, un terapeuta recomendará la separación solamente para solucionar la demasiada cercanía; pero la intención es trabajar en la autodefinición esperando plenamente reconciliarse.

Recuerde lo que dije al comienzo de este capítulo: cuando usted se casó con su cónyuge, se casó con la familia completa. El matrimonio es un paquete completo. Exploremos un poco más esta idea.

El matrimonio une a dos *sistemas familiares,* y no solo a *dos personas.* Imagine que Jones está interesado en Smith. La familia Jones envía a un representante familiar, y ese representante conoce a Smith, que también es un representante familiar. Jones y Smith salen juntos;

se enamoran y se casan. Esos dos representantes familiares unen a sus dos familias. Eso puede ser una unión maravillosa de dos sistemas o, como algunos de ustedes saben, no tan maravillosa.

Usted es un producto del ambiente en el cual creció. Esa familia proporcionó un prototipo para futuras relaciones; ellos le enseñaron cómo confiar, como manejar el conflicto, cómo tratar a las mujeres, cómo manejar el fracaso, y muchas cosas más. Usted aprendió maneras saludables de relacionarse, maneras disfuncionales, o una combinación de ambas. Si aprendió maneras disfuncionales, probablemente esté experimentando problemas de relaciones en el presente.

No se desespere. Ser criado con disfunción no le aboca al divorcio o a relaciones desastrosas. Casi todo el mundo ha sido criado con cierta cantidad de disfunción; no hay ninguna familia perfecta. Si proviene usted de una, entonces no es de este planeta.

Sea consciente de lo que su familia le enseñó, y luego decida mantener las partes sanar y desechar las partes que causan problemas.

¿A quién le importa mi familia?
Ahora estoy casado

Puede que esté pensando: "¿A quién le importan mis familiares? Ahora estoy casado, y ellos no tienen influencia alguna sobre mí ahora que vivo lejos de casa". Si esos son sus pensamientos, ¡cámbielos! Sus familiares ejercieron, y ejercen, una tremenda influencia sobre la persona en que usted se ha convertido. Su capacidad de tener intimidad está determinada, en parte, por las experiencias familiares tempranas. Los problemas surgen cuando usted niega esta influencia.

Si cree que su familia no tiene peso alguno en los problemas actuales o que usted no se parece en nada a su padre o a su madre, entonces está viviendo una negación. Las similitudes con frecuencia son notables, lo admita usted o no.

Mi taza favorita para café es una que tiene pintada a una mujer muy asustada que grita: "¡Aaaahhh! Soy mi madre". ¡Compre una taza como esa y mírela cada mañana! Cuando reconozca las similitudes que hay entre usted y su familia, comenzará a hacer algo al respecto si es necesario. Si tuvo usted una madre o un padre maravillosos, haga una pausa y dé gracias ahora.

Ahora bien, esta es una buena noticia: Su familia original no *determina* sus relaciones futuras. Usted no es una *víctima* de ese sistema. Aunque su familia fuera una locura, usted no está abocado a perder la cabeza; ¡puede que solamente necesite trabajar muy duro para no perder la cabeza! Puede aprender a ser diferente.

Identificar el equipaje; ¡el mío es la maleta grande que está en el rincón!

Disipar este mito comienza cuando usted es consciente de que aporta equipaje familiar a cualquier relación. Entonces debe trabajar duro para evitar potenciales problemas. ¿Cómo lo hace?

Cuando usted llega a un aeropuerto de destino, se dirige al área de recogida de equipajes e identifica sus maletas; las agarra de la cinta transportadora y las reclama como suyas. Abultadas o pesadas, son suyas, y las transporta hasta la siguiente parada.

Cuando usted deja su casa y su familia, el equipaje va con usted hasta la siguiente parada del matrimonio; ahí está lo reclame usted o no. Lo único que quiero que usted haga es reclamarlo para poder comenzar a deshacerlo.

El propósito de entender su equipaje familiar no es que usted pueda culparlo, patearlo, ponerse furioso por él, o desearle un mal. Entender el equipaje es entenderse mejor a usted mismo. ¿Obtuvo un equipaje que le gusta? ¿Qué maletas hay que desechar? Puede trabajar en las partes que no le gustan, y luego desechar ese equipaje. Cuando lo haga, será usted una mejor pareja en las relaciones.

Patrones generacionales

Los miembros de la familia aprenden mediante la observación de la conducta concreta de los otros, y llevan con ellos esa conducta aprendida a sus propios matrimonios. Por ejemplo, cuando su papa le gritaba a su mama, usted observaba y aprendía que está bien que un hombre le grite a una mujer. Una muchacha que viera a su mamá evitar discusiones probablemente hará lo mismo. Esos patrones relacionales son transmitidos de generación a generación.

Los miembros de la familia aprenden y practican los patrones generacionales a lo largo de los años. No importa si a usted le gustan los patrones o si cree que no son sanos; la mayoría de las personas los repiten y los refuerzan, de todos modos. Por eso las personas problemáticas se relacionan bien con otras personas problemáticas. En cierto nivel, las personas con problemas se sienten más cómodas con otras personas que también tienen problemas. Es lo que conocen y a lo que están acostumbradas, y les resulta familiar.

¡Las personas problemáticas no se juntan porque les guste experimentar dolor! Por ejemplo, las mujeres no dicen conscientemente: "Yo me crié con un papá alcohólico, así que buscaré a un hombre que sea alcohólico". Pero cuando están con hombres alcohólicos, hay algo que les resulta familiar en ellos; y si nunca han desarrollado reacciones apropiadas a su papá alcohólico, puede que terminen con otro candidato en quien trabajar (un esposo alcohólico) hasta solucionarlo.

El siguiente es otro ejemplo: si usted tuvo un papá controlador y crítico, inconscientemente escogerá a un hombre controlador. O, por el contrario, puede que tenga tanto temor a casarse con un hombre controlador como su papá que busque uno que esté en el otro extremo: pasivo y desinteresado.

Esa elección inconsciente también funciona en el lado positivo. Si, por ejemplo, tuvo usted una mama muy afirmadora, buscará una mujer que le afirme. Si su papá participaba en las actividades cotidianas, buscará un hombre que también participe. Entender cómo las familias transmiten patrones ayuda a explicar las elecciones que usted hace en las relaciones. Su capacidad para distinguir entre las partes de pensamientos y sentimientos es también importante. Cuando las emociones y el intelecto no pueden ser separadas, usted funciona peor. Necesita tener equilibrio entre lo racional y lo emocional; no es sano permitir que sus emociones gobiernen en todo momento o, por el contrario, estar distanciado de sus emociones. No lograr un equilibrio entre pensar y sentir es también una herencia generacional.

La importancia de reconocer su equipaje familiar es esencial. Las parejas que tienen problemas matrimoniales normalmente no han tratado este aspecto de sus vidas; pasan por la vida diciendo: "Yo soy como soy, y no puedo cambiar" (ver el capítulo 9). Esa es una excusa ridícula. Si no pudiéramos hacer cambios, no habría esperanza para ninguno de nosotros. Usted debe querer hacer cambios. Tenga la valentía de aceptar su pasado a fin de disfrutar de un presente mejor.

Recuerde que usted tiene la capacidad de hacer cambios en su vida; no es una víctima de su familia, pero reconozca la poderosa influencia que tiene sobre usted. Trate su pasado donde tenga una influencia negativa en su presente. Reclame sus maletas para poder hacer la colada y aligerar su carga.

Estrategias para un matrimonio sano

Yo…

- Desarrollaré un fuerte sentimiento de autodefinición separándome de mi familia de origen de manera sana.
- Aportaré un "yo" bien definido al "nosotros" de nuestra relación, o desarrollaré un "yo" mientras esté en el "nosotros" de nuestra relación.
- Identificaré el equipaje familiar que aporto a la relación.
- Identificaré los patrones generacionales.
- Trabajaré para cambiar los patrones negativos.
- Encontraré un equilibrio entre la excesiva cercanía y el distanciamiento emocional empleando las estrategias enumeradas.

Yo no…

- Culparé a mi familia de mis problemas actuales.
- Utilizaré a mi familia como excusa para no cambiar.
- Aislaré a mi familia a menos que mi seguridad o mi salud mental estén en juego.
- Seguiré siendo pegajoso.

CAPÍTULO 5

Fantasías de rescate

MITO **3** Yo puedo cambiar a mi cónyuge.

Sé que Calvin es un poco inmaduro; tiene un problema de carácter, pero yo le cambiaré. Él nunca ha tenido a nadie que le quiera como yo; cuando esté conmigo, se tranquilizará. Yo quiero ayudarle, y sé que puedo; no me preocupa su ira incontrolada".

"Whitney es una persona realmente estupenda cuando uno mira más allá de sus problemas sexuales. Su padre nunca le prestó atención; lo único que ella necesita es un hombre a quien le importe la verdadera Whitney y no solamente su sexualidad. Cuando nos casemos, ella sentará la cabeza y dejará de flirtear con otros hombres".

Estas dos personas están convencidas de que su amor cambiará a sus futuros cónyuges, y no están solos en esa creencia. Las personas se casan, pasando por alto las obvias banderas rojas en la relación porque están convencidas de que su amor corregirá una multitud de problemas. Desgraciadamente, esa suposición normalmente no es correcta.

¿Cree usted que puede cambiar a su cónyuge? Si es así, se dirige hacia un campo lleno de problemas. Usted no puede obligar a otra persona a cambiar; puede intentarlo, pero esté preparado para el desengaño y el fracaso.

Si usted ya está divorciado, sabe lo difícil que es cambiar a alguien; si está pensando en el divorcio, probablemente esté batallando con este problema en este momento: "Si él fuera más paciente y estuviera más dispuesto a hablar y a tratar el conflicto…". "Si ella demostrara más interés sexual, dejara de quejarse, y empleara más tiempo en mí...". "Si..." es el mantra de su vida. ¿Sabe qué? Podría suponer una larga espera el que el "si..." se materialice, pero eso no evita que la mayoría de las personas lo intenten.

Llamar al reparador del televisor

Por veinte años he observado a personas tratar de reinventar a sus cónyuges; he visto esfuerzos valientes, estilos creativos, hazañas increíbles, y una persistencia irrealista. En lo profundo de sus corazones, las personas creen que pueden hacer lo que ninguna otra persona ha podido hacer: cambiar lo profundo del ser. Piensan que si lo intentan con la fuerza suficiente, no tiran la toalla, e inician el plan correcto, se producirá el cambio. Ocasionalmente, hay personas que tienen éxito, ¡y parece que ese éxito ocasional es suficiente para seguir intentándolo!

El cambio supone un duro trabajo y, cuando no se produce, la infelicidad se establece. La infelicidad conduce a una creciente insatisfacción; y la insatisfacción puede preparar el escenario para el divorcio.

El cónyuge infeliz desea desesperadamente que el otro cambie; y, finalmente, esa desesperación incluye una visita a mi oficina.

Mi tarea es hacer lo que el cónyuge infeliz ha sido incapaz de hacer: hacer cambiar a su cónyuge.

Es común que un cónyuge frustrado lleve a la sala de terapia a su pareja y me diga que arregle a la persona y se la vuelva a enviar cuando esté reparada. Cuando eso sucede, ¡me siento como si yo fuera un reparador de televisores! "Este es el televisor estropeado, señora; ahora arréglelo, y cuando ella esté lista comuníquemelo." El modo de pensar es: "Si mi cónyuge cambiara, nuestro matrimonio sería estupendo. Parece que yo no puedo hacer que él o ella cambie; que lo intente un terapeuta".

No me malentienda. La terapia puede ayudar a crear una atmósfera que fomente el cambio, y en este capítulo aprenderá cuáles son esas cosas. Finalmente, el cambio depende de la disponibilidad de cada persona, y un corazón no dispuesto es una de las raíces del divorcio.

Russ quiere cambiar a su esposa

Pensemos en Russ. Su queja es que se casó con una perezosa. Russ ama a su esposa, pero se siente realmente molesto por los no existentes hábitos de limpieza de ella. "A mi esposa parece no importarle nuestra casa. Todo está tan desordenado que me vuelve loco. Yo me crié con una madre que mantenía el orden en la casa, y lo único que pido es un poco de orden. No importa lo que yo diga, pues nada cambia. Estoy comenzando a sentir resentimiento hacia mi esposa". Russ anhela a su mamá limpia (al menos cuando se trata de limpiar la casa). En su mente, su esposa no está haciendo su trabajo.

Russ no es un hombre malo por querer tener una casa limpia; sencillamente no ha convencido a su esposa para que tenga esa misma perspectiva, y ella se niega a ser como la mamá de él. Entonces, ¿cuál es el problema de Russ? Él cree que su problema es su esposa; si se hubiera casado con una persona tan pulida como su mamá, él sería muy feliz, o al menos eso cree.

Russ no se casó con su limpia mamá (aunque la esposa de Russ se parezca mucho a su mamá en otros aspectos; ver el capítulo 4); se casó con su esposa, Jill, cuyo apartamento era un desastre cuando eran novios. De algún modo, Russ fue capaz de pasar por alto ese defecto cuando eran novios; estaba convencido de que su amor cambiaría los hábitos de ella. ¡UN GRAN ERROR! Descubrirá usted en el mito 5 que Russ estaba bajo la influencia del amor romántico.

En un esfuerzo por cambiar a su esposa, Russ se queja de lo descuidada que es Jill. Obviamente, esa estrategia no funciona, porque no hay ninguna mejora; la casa no está más limpia. Pero, como la mayoría de las personas, él continúa utilizando su táctica (la queja) aunque no surte ningún efecto en la conducta de su esposa. Yo lo denomino *golpearse la cabeza contra un muro de ladrillo*. ¡Ay! La cabeza de Russ duele mucho, ¡pero él sigue haciéndolo!

Finalmente, ensangrentado y herido, él tira la toalla. Todo su esfuerzo empleado fue un tremendo dolor de cabeza. Él también comienza a tener resentimiento hacia su esposa y a distanciarse; cada vez que él entra en esa desordenada casa, todo vuelve a comenzar. Russ se molesta, se queja con su esposa, y nada cambia. Con el tiempo, él se aleja cada vez más emocionalmente y, al final, piensa en dejar a su esposa. Él está enojado. El resentimiento de Russ, si no se trata, se convierte en desprecio, y el desprecio es mortal en las relaciones.

Volvamos atrás y veamos cómo Russ podría haber evitado que las cosas llegaran hasta ese punto. Él aplicó la solución incorrecta al problema de la limpieza. En lugar de intentar hacer cambiar a su esposa, necesitaba cambiar su propia conducta. El único control verdadero que él tiene es el control de su propia conducta y sus respuestas.

Olvidar al reparador de televisores; llamar al terapeuta

Una solución que Russ podría probar es dejar de quejarse, ya que sus quejas parecen ineficaces. Muy bien, digamos que él deja de quejarse; sigue viviendo en una casa desordenada y sigue sintiendo resentimiento. El resentimiento que no se trata es mortal.

Otra posibilidad es que *él* podría hacer las tareas de la casa. Esta opción le proporciona beneficios añadidos, ya que los estudios demuestran que los hombres que hacen tareas de la casa tienen menos problemas físicos, son mejores parejas en el matrimonio, y están menos solos.[1] En realidad, no son las tareas de la casa (¡me gustaría que lo fueran!) lo que fortalece el matrimonio tanto como el apoyo que los hombres dan a sus esposas al participar en las tareas de la casa. Pero Russ está sobrecargado de trabajo y no tiene energías para pasar la aspiradora después de un largo día de trabajo en la oficina.

Russ podría emplear a una asistenta, ¡pero no quiere pagar a otra persona para que limpie su casa! Cree que Jill tiene el tiempo para hacerlo y que esa es su aportación a la familia (siga conmigo en este punto, ¡aunque crea que Russ necesita iluminación!).

O (y esta es mi opción en general) Russ podría intentar hablarle a su esposa de su creciente resentimiento. Una gran tarea, diría usted. ¿Cómo marcará eso una diferencia? Solamente si se producen cambios. Puede que eso no motive a Jill en absoluto; por otro lado, Jill podría sentirse motivada por los directos y sinceros sentimientos de Russ. Él no ha probado este enfoque, así que, en lugar de seguir haciendo algo que no funciona (la queja), Russ cambia su respuesta.

Russ tiene control sobre lo que dice y hace; lo que Russ no sabe aún es que cuando él cambia su conducta (al ser sincero sobre el resentimiento), cambia la interacción con su esposa. Él ya no está atascado en el viejo patrón de quejarse sin ver resultados; ahora tiene una nueva solución. Veamos si funciona.

Russ y Jill hablan sobre los sentimientos de él; él se resiste a quejarse, concentrándose en cambio en utilizar frases con "yo": "yo me molesto mucho por dentro"; "no puedo funcionar"; "yo me siento estresado"; "puede que suene melindroso, pero una casa desordenada me vuelve loco". Para sorpresa de Russ, Jill escucha (¡es notable lo que hace la buena comunicación!).

Ella responde: "¿De verdad? Creía que solo me estabas comparando con tu mamá; ¿te molesta lo bastante para enojarte?". Entonces Jill le dice a Russ que realmente a ella tampoco le gusta tener una casa desordenada; se siente abrumada tratando de hacer todas las cosas en un solo día. Cuando era pequeña recuerda que su mamá decía: "Cambiaré una casa desordenada por pasar tiempo con mis hijos cualquier día". Jill le dice a Russ que ella ha estado operando bajo esa misma filosofía; tiene estupendos recuerdos porque su mamá pasaba tiempo con sus hijos. Ella esperaba que Russ elogiara esa elección, y no que sintiera resentimiento por ello. Ella creía que estaba haciendo lo correcto.

Russ se sorprende al saber cómo se siente su esposa. Él había supuesto que ella simplemente era perezosa; no tenía idea de su dilema o de su frustración. Aunque admiraba la dedicación de Jill a los niños, seguía odiando el desorden. No tenía idea de la lucha interior de su esposa; también estaba sorprendido de descubrir que el desorden también molestaba a Jill.

La solución de Jill realmente tampoco funcionaba para ella. Quiere pasar tiempo con sus hijos, pero no puede soportar el desorden (aquí me veo realmente tentada a sugerir que aparezcan las asistentas, pero Russ y Jill siguen un presupuesto).

Los insto a que resuelvan los problemas con unas cuantas alternativas. Russ pregunta si hay cosas que él pueda hacer para aligerar la carga de Jill (en lo profundo de su corazón, Russ es un buen tipo). Jill está entusiasmada, porque suponía (incorrectamente) que ella tenía que llevar el peso de la limpieza, ya que eso era lo que su mamá hacía. Pero es un nuevo milenio, y Russ lee los titulares de las revistas acerca de los hombres sensibles.

La pareja comienza a hacer estrategias para pasar tiempo con los niños y a la vez mantener limpia la casa. Jill se siente menos amenazada y comienza a negociar expectativas razonables de limpieza. Russ tiene que echar una mano con los niños y realizar algunas tareas de limpieza. Ahora la pareja se entiende mejor. Han corregido sus percepciones equivocadas, y negocian nuevas estrategias con las que ambos se sienten bien. La solución llegó cuando ellos dejaron de culparse el uno al otro y comenzaron a pensar en qué podrían hacer para cambiar el problema. Russ dejó de desear que su esposa cambiara y centró sus esfuerzos en su propia conducta y sentimientos.

Russ y Jill son como la mayoría de las parejas. Se encierran en patrones matrimoniales concretos similares a un baile: Russ hace esto, y luego Jill hace aquello. Sus pasos son normalmente los mismos. El baile se vuelve familiar y se repite. Cuando surgen problemas, rara vez se prueban nuevos pasos de baile.

Este es el baile matrimonial de Russ y Jill: la esposa de Russ era desordenada; él se quejaba; ella ignoraba sus quejas, sintiendo que él no la entendía. Él no la entendía y tenía resentimiento; se alejaba, y ella no se sentía apoyada. Nada se resolvía, pero ellos continuaban con el mismo baile.

Cuando Russ hizo un nuevo movimiento (verbalizó su creciente resentimiento), comenzó el proceso de cambio. Russ y Jill empezaron a dialogar. Con la ayuda de su terapeuta, negociaron expectativas realistas sobre la limpieza de la casa. No es una sorpresa que Jill también tuviera resentimiento oculto en cuanto a la falta de participación familiar de Russ.

Todos los problemas no se resuelven con tanta facilidad como esa, pero el punto es que usted puede cambiar algo en su relación cambiando *su* respuesta, *no* la de su cónyuge. Con demasiada frecuencia los cónyuges tratan de cambiar a la otra persona o tratan de hacer que yo, la terapeuta, los cambie. Normalmente, esa es una proposición perdedora. Por el contrario, cambie su conducta, y la interacción no podrá seguir siendo la misma.

VERDAD 3 Usted sólo puede cambiar su parte en el baile.

Para ayudar a las parejas a entender esta idea de cambio, normalmente les pido que se pongan de pié y bailen en mi oficina. Sé que eso suena un poco extraño, pero bailar puede realmente ayudarle a entender cómo las parejas interactúan y permanecen unidas. Como mencioné anteriormente, tomé prestada esta metáfora del baile del libro *The Dance of Anger* [El baile del enojo], de Harriet Lerner.[2] He recomendado este libro a cientos de parejas a lo largo de los años debido a esa útil metáfora.

Le digo a la pareja que adopte la posición de baile y que siga atentamente los pasos de la otra persona a fin de que el baile sea fluido. Cuando están bailando juntos, les explico que así es cómo se producen la mayoría de sus relaciones. Ellos han aprendido un conjunto bien desarrollado de movimientos el uno con el otro. Él hace _____; ella hace _____; luego él hace _____; ella hace _____. Es así como han aprendido a relacionarse el uno con el otro. Algunas parejas tienen pasos dramáticos, y otras se mueven tranquilamente con patrones familiares. Todas las parejas tienen pasos de baile bien desarrollados que conocen y siguen.

Luego le pido a uno de los cónyuges que cambie repentinamente un paso en el baile para crear un nuevo paso. Eso interrumpe el baile. Normalmente, el cónyuge se resiste debido a él o ella es impulsado en una nueva dirección, y la resistencia continúa hasta que una de las personas cede y el baile, o bien cambia a algo nuevo, o regresa a la forma original.

Eso es exactamente lo que sucede en las relaciones. Usted se encierra en bailes familiares; aun cuando está cansado del baile, aburrido e insatisfecho, sigue adelante. Al igual que esos bailarines de maratones de baile, algunas parejas sencillamente siguen bailando el mismo viejo baile hasta que se desploman por agotamiento (divorcio).

Pero cuando uno de los cónyuges cambia su conducta (el paso en el baile), normalmente se produce resistencia por parte del otro. Finalmente, alguien tiene que ceder a la nueva manera, o la pareja regresará al baile familiar. El secreto del cambio es mantener su terreno hasta que se desarrolle el nuevo baile. No regrese a la antigua manera.

Hace años vi a una pareja que estaba atascada en un baile matrimonial infeliz. Él trataba el estrés distanciándose; ella trataba el conflicto comiendo en exceso y tratando de hacer que él hablase con ella. Su baile era típico de muchas parejas. Cuanto más le perseguía ella, más se distanciaba él. Cuanto más comía ella, más se quejaba de lo poco atractiva que se estaba volviendo; así que se volvía resentida y comía más, y ambos dejaron de hablar.

Ya que él no estaba dispuesto a realizar ningún cambio (ver el capítulo 9), yo sugería que fuese ella quien lo hiciera. Ella debía dejar de quejarse del distanciamiento emocional de él, ya que nada cambiaba. En cambio, hice que ella hablara sobre la soledad que sentía en el matrimonio y lo triste que se sentía. Ella también estuvo de acuerdo en ocuparse mejor de su cuerpo y no comer cuando se enojaba con su esposo. Eso era algo que ella podía hacer. Con la terapia, ella dejó de comer en exceso.

Al principio nada cambió. Diariamente, durante un mes, tuve que hacerla repetir lo sola que se sentía; de hecho, ella aprendió a verbalizar su soledad en el matrimonio. A medida que lo hizo, fue disminuyendo su excesivo apetito, y comenzó a perder peso.

Su esposo se enojó más, resintiendo el nuevo paso; no quería oír como su esposa, Deb, se sentía. Le hacía sentirse nervioso, como si él hubiera de hacer algo al respecto; también observó su pérdida de peso y comenzó a preocuparse de que otros hombres la encontraran atractiva. Observó más confianza en su esposa.

Deb sentía la tensión y se vio tentada a dejar de decir las cosas que ambas habíamos repetido. Yo la alenté a seguir respondiendo de la nueva manera. Él se resistía al cambio y quería regresar al viejo baile familiar; pero si Deb mantenía su postura, el baile tendría que cambiar.

Ella mantuvo su postura, pero el enojo de él condujo a una separación temporal. Yo le aconsejé que no se dejara llevar por el pánico, pues él estaba tratando de forzar el viejo baile; ella debía permanecer firme, amorosa, y no recurrir al viejo patrón de ceder y tragarse sus sentimientos.

Después de una sola semana, él llamó. Deb sentía terror de que él quisiera que se divorciaran pero, para su sorpresa, sucedió lo contrario: él quería volver a casa. Comprendió que necesitaba trabajar en cuanto a hablar de sus sentimientos, y estuvo de acuerdo en acudir a terapia para aprender cómo hacerlo. Admitió que se sentía solo en el matrimonio pero que nunca se lo había dicho a su esposa. La nueva confianza de ella y su pérdida de peso le hicieron pensar dos veces. Quizá él también tuviera problemas.

El cambio sería incómodo, pero extrañaba a su esposa. Ella simplemente hablaba sobre sus sentimientos y cómo la conducta de él la afectaba; él admitió no saber cómo darle lo que ella necesitaba; se sentía inadecuado. Deb sabía que debía verbalizar sus necesidades en lugar de tragárselas junto con la comida. Con ayuda, la pareja pudo solucionar las cosas.

El paso de Deb en el baile matrimonial fue el primero en cambiar. Todos sus anteriores intentos de cambiar a su esposo no llegaron a ninguna parte, así que ella cambió su respuesta a él. Cuando lo hizo, la relación cambió. Cuando una persona cambia el paso, el baile cambia.

Voy a desvelarle un gran secreto: usted no se casó con el cónyuge perfecto. Él o ella no existen. Pero usted ya sabía eso, ¿verdad? Sin embargo, no tiene problema en enojarse cuando su cónyuge no actúa perfectamente. Su instinto natural es señalar los fallos de su cónyuge y decirle cómo comportarse. Eso es más fácil de hacer que examinar el papel que usted desempeña en el dilema; por tanto, su relación se queda atascada en ciclos negativos de interacción. Usted no parece poder salir del baile horrible pero a la vez familiar; cuando lo intenta, enseguida cede y regresa a la antigua manera debido a la resistencia a cambiar el modo en que se siente. Es difícil cambiar un viejo baile familiar.

El deseo de ser reeducado

Al igual que muchas personas, usted no solamente quiere que cambie su cónyuge, sino que también espera que él o ella compensen todas las cosas malas que sucedieron antes de que se casaran. Usted comenzó el matrimonio pensando: "Esta persona marcará la diferencia. Él o ella sanarán todos los lugares que están rotos en mi vida.

Obtendré de él o ella lo que no obtuve de mi familia. Tendré el buen papá o la mamá que nunca tuve".

Esos pensamientos no siempre son conscientes; la mayoría de las personas no verbaliza tal perspectiva en el momento del matrimonio. Esos pensamientos acechan en algún lugar en lo profundo de las mentes de muchas personas. Hay muchos de ustedes que habrán pensado: "Desearía que mi cónyuge pudiera darme lo que necesito".

Como aprendió en el capítulo 4, usted es el producto de sistemas familiares sanos y no tan sanos. Su tarea, si quiere ser una persona sana, es descubrir cómo quedarse con las partes buenas del sistema familiar y perder las partes no tan buenas. Su cónyuge batalla con ese mismo desarrollo propio. Usted no puede cambiar a otra persona para que sea la persona que usted quiere sencillamente porque eso es lo que usted desea. Su cónyuge no puede ser obligado a ser el buen padre que usted nunca tuvo de pequeño.

Garantizado: cuando usted se siente atraído hacia alguien, ve cosas que realmente le gustan y admira. Por ejemplo, quizá él hable sobre los puntos fuertes que usted tiene, algo que su papá nunca hizo; o quizá ella sea sensible al estado de ánimo de usted, y su mamá no lo era. Obviamente, usted disfruta al experimentar esas partes que faltaron en el pasado.

Los problemas surgen cuando usted busca en esa otra persona que complete quién es usted, que llene esos espacios que faltan. La persona segura no tiene que buscar fuera de sí misma para sentirse completa, aunque eso no significa que una persona segura sea autosuficiente y no tenga necesidad de intimidad. Las personas seguras siguen necesitando a otras personas, pero no dependen de otros para satisfacer sus necesidades más profundas.

Algunas personas siempre están buscando a otras para recibir afirmación o para que les den un sentimiento de ser ellas mismas; otras permanecen distantes por temor a ser heridas. Algunas confían en sí mismas compulsivamente como una defensa contra el desengaño; otras se ocupan de dar o recibir cuidados en exceso como manera de encontrar amor y aceptación.

Cuando usted trata de forzar a un cónyuge para que ocupe el papel de buen padre y es decepcionado, usted se enoja, se siente herido y molesto; se ofende, y así entran los cuatro asesinos de una relación: crítica, defensividad, desprecio y la táctica de cerrojo[3] (ver el capítulo 7). Usted se convence de que se casó con un perdedor que nunca pudo satisfacer sus necesidades. La verdad es que está tan centrado en lo que *usted* no obtuvo que pasa por alto el ver las necesidades *de su cónyuge*.

Hasta podría usted comportarse como un niño que necesita un buen padre. Inconscientemente, busca que su cónyuge se convierta en ese padre. Debido a que fue usted herido o rechazado cuando era niño, supone que el verdadero amor arreglará todas esas heridas. Cuando descubre que su cónyuge también tiene heridas y lugares de daño, se preocupa y piensa que debería buscar a otra persona, alguien que esté completo y arreglado. Muchas aventuras amorosas comienzan con esta idea errónea: hay otra persona que satisfará mis necesidades mejor que mi cónyuge.

Cuando usted tiene necesidad o es vulnerable, es más difícil aceptar a un cónyuge que también tiene necesidad o es vulnerable; sin embargo, las personas con necesidad atraen a otras personas con necesidad. Cuando sus luchas se hacen obvias, comienza el culpar. Una mujer cuyo padre nunca le dijo que la quería puede que le diga a su esposo: "No estás haciendo lo que yo necesito. Necesito a un hombre que me diga que me quiere cada día". Un esposo cuya madre minó su confianza puede decir: "Necesito a una mujer que edifique mi confianza. Lo único que tú haces es cuestionar mis decisiones". Cada uno de ellos busca que su cónyuge cambie su historia o llene los espacios que faltan; ¡pero no se puede cambiar la historia! Solamente se pueden lamentar las pérdidas y seguir adelante.

Usted puede trabajar en ser una pareja amorosa para su cónyuge, entender cuáles son sus lugares heridos, y hacer todo lo que pueda para sanar la herida. Pero no puede usted convertirse en un padre de repuesto.

¿Qué puedo hacer?

Por tanto, ¿cómo evita esperar que su cónyuge cambie a fin de satisfacer todas sus necesidades?

Depender de Dios

Suena a un bonito cliché, pero siga leyendo. Muchas personas solamente dicen depender de Dios, pero pocas lo hacen realmente. ¿Qué significa depender de Dios?

Desgraciadamente, algunas personas creen que significa que uno nunca actúa por sí mismo; que no utiliza sus talentos y su cerebro; que se sienta pasivamente y espera que Dios actúe. Por ejemplo, he oído a personas decir: "No, no solicité ese empleo porque estoy dependiendo de Dios". O: "No puedo confrontar a mi mamá; solo estoy dependiendo de Dios para que Él se ocupe".

Mire, Él le dio un cerebro, un talento y un plan (la Biblia). Utilícelos para actuar, pero dependa de Él en que cumplirá su Palabra. Su dependencia está en su Palabra y en su carácter; pero no deje de utilizar todo lo que Él le ha dado.

Antes de depender de alguien, debería llegar a conocer a esa persona, y eso es igualmente cierto de Dios. ¿Cuán bien le conoce a Él? Si su respuesta es: "No muy bien", entonces eso explicaría por qué tiene dudas en cuanto a confiar en Él. Lea lo que Él dice. Confíe en Él y vea lo que sucede. ¿Es Él fiel, digno de confianza, y cumple su Palabra? Si la respuesta es sí, entonces dependa por completo de Él.

Debido al poder transformador de Él, no importa lo horribles que fueran, o que son, sus padres terrenales. Importa en términos de la sanidad que pueda usted necesitar, pero tiene a un Padre celestial que siempre está a su lado, que siempre está listo para ayudar. Acuda a Él en cualquier momento, en cualquier lugar, tantas veces como necesite. Él es la corrección para una mala educación; Dios puede volver a reeducarle. Esta esperanza disminuye la necesidad de que su cónyuge complete lo que a usted le falta. Él es Abba Padre, papito Dios.

Si usted tiene necesidades no satisfechas, no subestime el poder de la oración. Dios puede hacer cosas que usted ni siquiera es capaz de imaginar, y usted limita la intervención de Él en su vida al no pedirle que se implique. Usted tiene el potencial de tener una relación con un ser perfecto que es amor: amor perfecto. Estará buscando eso durante toda su vida, y nunca lo encontrará hasta que encuentre a Dios.

Muchos de ustedes no dependen de Dios porque confunden los atributos de sus padres terrenales con los atributos de Él; transfieren a Dios las heridas de sus padres. O tienen una mala teología, que atribuye cosas malas a Dios: "Dios quiere castigarme"; "estoy esperando que caiga el rayo del cielo"; "Dios está enojado conmigo"; "Dios quiere que yo sufra".

Usted tiene que aprender a distinguir entre las características y la naturaleza de Dios y las de sus padres terrenales. Si sus padres tienen atributos piadosos, es usted bienaventurado. Si sus padres no le dieron lo que usted necesitaba para llegar a ser una persona fuerte y confiada, aún hay esperanza. Llegue a conocer a Dios como su Padre celestial, y desarrolle una relación íntima con Él. Contrariamente a la impresión de muchas personas, Dios tiene tiempo para usted; Él está interesado en usted y quiere tener una relación con usted. ¡Persígala!

Ser su propio buen padre

No, no es una contradicción. Usted también puede aprender a ser su propio buen padre. Por ejemplo, no espere a que otra persona le diga que hizo un estupendo trabajo; dígaselo usted mismo. Eso no es arrogancia; usted mismo puede edificar su confianza y autoestima. Cuanto más haga eso por usted mismo, menos lo necesitará de otra persona.

Escuche, es estupendo cuando otros edifican en usted confianza en sí mismo, y los buenos padres intentan hacer eso con sus hijos; quieren que sus hijos crezcan sintiéndose fuertes y sanos, pero a veces eso no sucede. Cuando no sucede, no toda la esperanza está perdida.

Educarse a uno mismo es otra manera de corregir una experiencia negativa en la niñez o el rechazo como adulto (por ej., el divorcio). Los terapeutas con frecuencia enseñan a los clientes a prestar atención a sus propios puntos fuertes, capacidades y conducta apropiada. Cuando usted se comporta de manera piadosa, dese unas palmaditas en la espalda; en otras palabras, refuerce su propia conducta apropiada. La Biblia proporciona estándares de vida y de conducta. Alinee sus pensamientos y sus actos con esos estándares, y luego regocíjese por su éxito.

Por ejemplo, John tiene un problema con la ira; él grita. Pero ahora está aprendiendo a prestar atención a las veces en que no grita y se mantiene tranquilo. Cuando controla su ira, debería felicitarse a sí mismo, reforzando así sus esfuerzos para cambiar.

Nadie en la familia de John reforzó el control de la ira. El papá de John tenía bastante ira, y ciertamente no era un ejemplo de autocontrol. Ahora John afronta el desafío de cambiar. Tiene que hacerlo por sí mismo, pidiendo a Dios la ayuda que necesita. Lo más probable es que nadie esté a su lado supervisando sus esfuerzos por cambiar; en cierto sentido, él debe convertirse en su propio buen padre. "Ejercité autocontrol, y eso fue bueno. Dios se ha agradado, y yo he sido obediente. ¡Buen trabajo!".

Cambiar la conducta es increíblemente difícil, en especial cuando se han desarrollado hábitos negativos. Se necesitan altas dosis de aliento para efectuar el cambio y mantenerlo. Si usted depende solamente de otros para reforzar sus esfuerzos, puede que quede decepcionado. Quizá un consejero, un amigo o un cónyuge le proporcionarán ese alimento; pero si no tiene a nadie a su alrededor que le apoye, decida hacerlo de todos modos. Luego no tenga temor de recompensarse a usted mismo en el proceso.

Formar parte de la corrección, no alguien que hiere de nuevo

Al haberle dicho que dependa de Dios y luego aprenda a reeducarse a usted mismo, ahora quiero que sepa que usted puede influenciar el cambio en su pareja. Los problemas del pasado pueden ser repetidos en su relación de pareja; o pueden ser corregidos. Usted sana el pasado al prestar atención conscientemente a la manera en que se tratan el uno al otro y después hacer los cambios necesarios. Para hacer esto, los dos cónyuges tienen que estar dispuestos a escucharse el uno al otro, a ser comprensivos sobre las experiencias dolorosas del pasado, y después a comportarse de maneras que sanen.

Un modo de comenzar este proceso es admitir que quiere que su cónyuge le ayude, y luego hablar de lo que requeriría esa ayuda. Funciona así:

Hable a su cónyuge sobre áreas en su vida en que fue usted herido. Por ejemplo, usted era criticado y avergonzado por tener una opinión; rara vez le elogiaban, y se sentía inseguro por su aspecto;

fue usted mutilado porque no se inclinaba a los deportes. Los dos pueden enumerar áreas de dolor que surgen cuando su cónyuge dice o hace ciertas cosas.

Después, identifique cosas que su cónyuge pueda hacer para ayudar a mejorar esa área herida: elogiar su aspecto físico, elogiarle por sus logros no deportivos, valorar su opinión dándole las gracias por las ideas que aporta.

Una vez que haya identificado la conducta a corregir, pregunte a su cónyuge si está dispuesto a ser parte de la experiencia correctiva. La mayoría de las personas, cuando son conscientes del daño que aportan a la relación, querrán practicar la conducta correctiva. En esencia, acuerdan ser parte del proceso de sanidad.

Es importante recordar que este es un esfuerzo consciente en el que ambos están de acuerdo. Ya no es un deseo inconsciente que usted alberga secretamente y que es regularmente condenado cuando su cónyuge le decepciona o no es capaz de leer sus pensamientos.

Con frecuencia se acude a los terapeutas para ayudar a las parejas a practicar esta forma de sanidad. La belleza de esta estrategia es que su cónyuge llega a ser consciente de las áreas de dolor y está de acuerdo en ser parte de la corrección. Desde luego, hay algunas personas que se niegan y siguen jugando con las vulnerabilidades de sus parejas. Esas personas necesitan terapia individual.

A lo largo de los años he visto liberarse un gran poder cuando las parejas se ayudan de esta manera. Usted verdaderamente se convierte en un ejemplo de Cristo para su cónyuge. Amor incondicional, aceptación y consideración positiva son poderosas herramientas que moldean la autoestima y cambian relaciones.

Jesús tuvo un gran impacto en las personas cuando estuvo en la tierra debido a su gran compasión; Él sanaba a todos los que tocaba; pronunciaba palabras de aliento y nos enseñó cómo amarnos los unos a los otros.

El matrimonio es su oportunidad para mostrar el amor de Cristo a otra persona muy cercana; sin embargo, muchos frecuentemente ocultan ese amor y tienen temor a expresar lo que está en lo profundo de su ser por el Espíritu. Sea parte de la sanidad —no de la herida—de otros. Comience en su matrimonio.

Crear una atmósfera de cambio

Una vez que haya reconocido que usted solamente puede cambiar su propia conducta (y la conducta de otros), se convertirá en un candidato para el cambio mediante una relación íntima con Dios. Comenzará a corregir su propia conducta; hará participar a su cónyuge en un esfuerzo consciente por corregir heridas del pasado, y encontrará maneras de crear una atmósfera de cambio en su relación.

1. Realizar intercambios positivos.

Recuerde: el cambio se produce con más frecuencia en presencia de intercambios positivos. Cuando usted elogia a un niño por hacer cosas que a usted le gustan y quiere edificar, está aumentando la probabilidad de que el niño realice esos cambios. Los adultos no son diferentes; si usted elogia aunque sea un pequeño movimiento hacia la dirección correcta, obtendrá cambio. El elogio es poderoso; prepara la atmósfera para el cambio.

El elogio prácticamente no existe en las parejas que veo en la terapia. Cuando acuden a mi oficina, están tan centrados en las ofensas y el daño que los intercambios positivos son raros. Si quiere usted cambio, comience a elogiar las cosas que le gustan, y no me diga que no hay ninguna. Usted sencillamente no está viendo las cosas pequeñas y triviales que su cónyuge hace para que la vida sea más fácil. Edifique sobre esas cosas; luego, cuando vea una nueva conducta, refuércela verdaderamente.

2. Trabajar en usted mismo.

Emplee menos tiempo culpando y más tiempo trabajando conformando su vida a la imagen de Cristo. Eso es esencial para edificar un matrimonio sano. Usted tiene que identificar sus errores y corregirlos, o no tendrá credibilidad cuando le diga a su cónyuge qué hacer. Con frecuencia, las parejas dicen: "él quiere que yo cambie, pero él mismo está hecho un desastre"; o: "ella señala mis fallos pero no habla de los suyos".

Una vez más, esa falta de disposición para verse a usted mismo como una obra en progreso crea resentimiento y resistencia al cambio. Hágase responsable de usted mismo en primer lugar, y luego observe cómo su cónyuge seguirá ese mismo camino.

3. Resolver conflictos.

Un indicador de divorcio es la incapacidad de resolver conflictos. En este libro leerá sobre estilos compatibles y sobre cómo ser un solucionador de conflictos eficaz (ver capítulo 6). Después decida actuar. Si se siente de algún modo incómodo con el conflicto, está bien; normalmente eso se relaciona con su experiencia familiar. La resolución de conflictos es una destreza que mejora y se hace más fácil con la práctica.

No permita que se amontonen cosas, pues no es sano físicamente, espiritualmente y relacionalmente. Póngase de acuerdo con su cónyuge para hacer revisiones regulares cuando se trata de desacuerdos y conflictos. Pregunte: "¿Cómo nos va? ¿Hay algo que te haya estado molestando y de lo que no hemos hablado?". Hagan eso cada día, o al menos una vez por semana, hasta que saquen a la luz problemas con regularidad.

Los conflictos son parte de todas las relaciones. Su capacidad de resolverlos marca la diferencia y fomenta el cambio.

4. Trate de mostrar más empatía.

La disposición al cambio mejora cuando una persona se siente oída y entendida. Los cónyuges son famosos por resistirse tercamente al cambio cuando se sienten malentendidos. Su esfuerzo por identificarse intelectualmente y experimentar de modo vicario los pensamientos, sentimientos y actitudes de su cónyuge se denomina *empatía.*

¿Cuánta empatía muestra usted? Cuando yo estoy formando a consejeros que empiezan, evalúo su capacidad de tener empatía, porque eso prepara la atmósfera para el cambio, y no siempre está presente. Las personas están mucho menos a la defensiva y mucho más dispuestas a considerar opciones cuando son comprendidas. Cuando usted se pone en el lugar de la otra persona y trata de entender por lo que está pasando, esa persona está más dispuesta a compartir con sinceridad.

Practique la escucha, y luego repita lo que su cónyuge haya dicho. Pregunte si lo entendió bien y si comunicó de modo preciso lo que la persona estaba sintiendo o experimentando. Eso no será fácil (está usted aprendiendo una nueva capacidad), pero vale la pena el tiempo empleado. La empatía permite el cambio.

5. Disminuir la dependencia del otro.

Ninguna persona puede satisfacer todas sus necesidades en todo momento. Solamente Dios puede hacer eso, y ya que usted aún no vive con Él físicamente, sigue dependiendo de otras personas.

Es sano tener amigos con los que poder hablar, compartir actividades y apoyar; es estupendo cuando usted puede depender de los amigos, pero la clave es el equilibrio. Cuando los amigos sustituyen las necesidades íntimas de la pareja, no es sano; cuando otras personas son su única fuente de apoyo, lo mismo es cierto.

Equilibre sus necesidades de intimidad entre su cónyuge y sus amigos. De la misma manera que no espera que uno de sus amigos satisfaga todas sus necesidades de amistad, no espere que su esposo o su esposa satisfagan todas las otras necesidades. Las necesidades sexuales y espirituales más íntimas resérvelas para Dios y para su cónyuge. Los amigos pueden apoyarle y añadir a sus relaciones íntimas de pacto, pero no deberían sustituirlas.

6. Ocuparse de usted mismo.

El cuidado personal es vital. Una vez más, piense en tener equilibrio. Atender a su propia salud física, espiritual y emocional crea una atmósfera de cambio. Cuando usted se valora, otros también lo harán. Cuando usted se ocupa de usted mismo, la carga de la preocupación es quitada de la otra persona.

Yo he descubierto que muchas parejas están secretamente enojadas por este asunto del cuidado propio. Resienten su falta de cuidado personal y culpan erróneamente a su cónyuge de lo mismo. Cuando emplea tiempo en usted mismo más allá de los límites razonables, frecuentemente resulta culpabilidad. Muchas mujeres no saben cómo decir no o tomar tiempo para sí mismas; muchos hombres no se alimentan a sí mismos espiritualmente o físicamente porque están demasiado ocupados tratando de tener éxito en la vida.

Existe una diferencia entre la autocomplacencia y el cuidado propio. El cuidado propio sencillamente es decir: "Necesito ser responsable de llenarme de nuevo a mí mismo. Me ocuparé de que eso suceda". Cuando hace eso, está usted más centrado y mejor equipado para tratar el cambio en su vida.

Estrategias para un matrimonio sano

- Deje de tratar de cambiar a su cónyuge. Reenfoque sus esfuerzos en cambiar su parte en el baile.
- Examine las expectativas inconscientes que tiene para su cónyuge. ¿Espera que él o ella compensen todo el dolor de su pasado?
- Tenga una relación íntima con Dios y conózcalo como Abba Padre.
- Refuerce sus propios esfuerzos por cambiar.
- Sea parte del proceso de sanidad —no de dolor— con respecto a heridas del pasado.
- Cree una atmósfera de cambio: elogie con frecuencia, resuelva conflictos y muestra más empatía.
- No dependa únicamente de su cónyuge para todas sus necesidades.
- Ocúpese de usted mismo física, emocional y espiritualmente.

CAPÍTULO 6

Cómo manejar conflictos

MITO **4** Somos demasiado distintos.

Ya que no hay dos familias iguales, no hay dos personas que se lleven perfectamente bien. Llegar al matrimonio con su único y singular sistema familiar asegura que tendrá diferencias con su cónyuge. A menos que se clone a usted mismo, estará en una relación con alguien que piensa, siente y actúa de modo diferente. Garantizado: algunas relaciones tienen más diferencias que otras.

En mis primeros tiempos como terapeuta matrimonial y familiar, yo creía que la compatibilidad de la pareja era la clave para permanecer junta. Si dos personas podían ponerse de acuerdo en los asuntos importantes de la vida, como la religión, la educación y el sexo, y podían hablar sensatamente sobre todo lo demás, su matrimonio sería muy satisfactorio, y sencillamente no habría divorcio.

Por tanto, yo trabajaba mucho tratando de ayudar a las parejas a comunicarse bien y a abordar con calma los conflictos. Estaba segura de que si ellos podían aprender a mostrar más empatía el uno al otro y a negociar las diferencias, saldrían de mi oficina felices y listos para comenzar sus propios grupos de parejas.

Sin embargo, cuanto más trabajaba con todo tipo de parejas, más investigación matrimonial hacía, y más tiempo estaba casada, mis perspectivas comenzaron a cambiar. La buena comunicación y la resolución de conflictos no eran garantías para la dicha matrimonial, como yo creía anteriormente. Enseñar a las parejas a hablar con amabilidad y a hacer concesiones era un estupendo material para seminarios, pero no salvaba muchos matrimonios.

El desacuerdo en la pareja es normal

Paige y Ben pueden hablar tranquilamente sobre sus diferencias. "Nosotros no estamos de acuerdo en la mayoría de las cosas. Lo único que hacemos es pelearnos; si yo digo negro, ella dice blanco. Es como si prosperásemos en el conflicto; y parece que la mayoría de nuestras peleas nunca llegan a resolverse. No puedo seguir así; estoy cansado de pelear, y quiero dejar este matrimonio."

"Él siempre cree que tiene razón, y tiene que salirse con la suya. Me recuerda a mi hijo pequeño. Yo no voy a estar de acuerdo con él cuando pienso que no tiene razón."

"Ella tiene la manera más loca de enfocar las cosas. No entiendo el modo en que funciona su cerebro, así que yo tomo las decisiones. Me temo que terminaremos en un verdadero lío si yo no agarro las riendas."

"¿Cuán arrogante es eso? No estoy de acuerdo con el modo en que gastamos el dinero. Yo nunca utilizaba tarjetas de crédito antes de casarnos, y no me gusta utilizarlas ahora. Él compra todo a crédito. Nos hemos peleado por esto desde que nos dimos el 'sí quiero'. Si él no comienza a escucharme, tomaré mi dinero y me iré. Así de mala es la situación."

Bienvenido al diálogo del desacuerdo en la pareja. ¿Le resulta familiar? Si es así, no se preocupe; tiene muchos acompañantes. Las parejas están en desacuerdo en todo tipo de cosas, desde cómo manejar a la loca tía Mary hasta decidir quién juega primero al Yahtzee.

Normalmente, los desacuerdos en la pareja encajan en una de cinco áreas principales: dinero, sexo, familia política, educación y tareas de la casa. Hay muchas otras cosas por las que las parejas se pelean, pero esas son las principales. Si usted es capaz de resolverlas, ¡el resto es pan comido!

Ya que usted y su cónyuge provienen de un variado rango de experiencias y trasfondos, no es sorprendente que tengan conflictos como pareja. Han aprendido que la familia y la experiencia en la vida influencia quiénes son ustedes, al igual que lo hacen el género, la raza y la clase social (ver capítulo 8). ¡Usted es único, maravillosamente creado! Su cónyuge puede que aprecie o no esa maravilla.

Es ESPN o yo

Paige se desplomó en el sillón de terapia. "Le he dado a Ben un ultimátum: es ESPN o yo. Me preocupa que pueda escoger ESPN. Lo único que hace es ver deportes cuando regresa a casa del trabajo. No habla conmigo ni ayuda con los niños; se sienta delante del televisor la mayoría de las noches cambiando de canal. No importa qué equipo sea, mientras haya un evento deportivo. Estoy cansada de eso; quiero tener un esposo que se interese más por mí que por el ESPN."

"Ella es ridícula. Ya sabía que me gustaban los deportes cuando nos casamos. Ver un partido me ayuda a relajarme y a apartar mi mente del trabajo. Cuando les grito a los equipos, libero el estrés; eso es todo. De todos modos, parece que no hacemos muchas cosas en las noches. Los niños se acuestan temprano, y ella normalmente está ocupada haciendo alguna otra cosa. No veo por qué ver televisión tiene tanta importancia."

"Hemos hablado de esto muchas veces, y no quiero seguir hablando de lo mismo. O él apaga el televisor, o yo me voy; es así de sencillo. No quiero ocupar el segundo lugar tras los deportes."

"Ella no está siendo razonable. Supongo que por eso estamos aquí."

Paige y Ben están en desacuerdo en cuanto a ver televisión, pero tienen un problema mayor. Ella quiere la atención de él y su compañía en las noches; Ben quiere relajarse. Cada uno de ellos tiene necesidades diferentes; lo que no comprenden es que ambas necesidades han de ser satisfechas. El problema de ESPN podía resolverse.

Cuando Ben entendió que las quejas de Paige se trataban más de querer estar con él, y cuando ella entendió que él quería encontrar una manera de relajarse después de su trabajo, estábamos de camino hacia la resolución de ese desacuerdo.

Esto es lo que ellos acordaron hacer: Ben debía saludar a su esposa cuando regresara a su casa y pasar de cinco a diez minutos hablando de cómo le había ido el día y preguntándole a ella. Los dos harían cosas con los niños hasta la hora de que se fueran a la cama a las 8:30 p.m.; luego, Ben y Paige harían una actividad juntos: jugar algún juego, ver un álbum de fotografías, etc. A las 9:30 p.m. el televisor era de él. A Paige no le importaba, porque estaba cansada y necesitaba preparar cosas para el día siguiente. Ella valoraba la hora que tenía a solas antes de acostarse para hacer lo que necesitara. La diferencia era que ella ya no estaba resentida con Ben; ahora él pasaba tiempo con ella.

No todos los problemas se resuelven con tanta facilidad. Cuando las diferencias no se entienden o se aprecian, pueden conducir a distancia emocional. Y la distancia emocional puede hacer descarriar su relación.

Las parejas se quedan atascadas en problemas concretos: ¿Quién manejará el dinero? ¿Con cuánta frecuencia deberíamos practicar sexo? ¿Quién bañará a los niños? ¿Debería Johnny llegar a casa como mucho a las 11:00 p.m.? ¿Cómo deberíamos tratar al primo Jim el alcohólico? En general, los problemas por los que las parejas escogen pelearse son insignificantes; lo preocupante es la manera en que se pelean. Los estilos de pelearse que tienen las parejas normalmente ayudan a sus sentimientos de amor el uno por el otro o los ocultan.

Quienes resuelven conflictos con calma: Bill y Diane

Yo esperaba con ilusión la sesión que tendría con Bill y Diane. Ellos realmente querían recibir ayuda; querían aprender cómo manejar sus diferencias, y eso fue lo que los llevó a la terapia. Después de leer varios libros de autoayuda y asistir a seminarios locales sobre comunicación en el matrimonio, Bill y Diane estaban listos para eliminar áreas de desacuerdo. Eran la pareja de ensueño de un terapeuta: racionales, calmados, sumisos, y muy motivados para resolver problemas. Rara vez veo a parejas con las que sea tan fácil trabajar.

Lenta y firmemente, Bill y Diane trabajaron en definir con claridad sus diferencias. Hicieron listas; trabajaron en presentar sus opiniones de maneras respetuosas y amables; las frases con "yo" comenzaron a inundar su diálogo (por ejemplo: "no me gusta gritar a los niños. Después me siento mal y en el momento fuera de control. Quiero hacer otra cosa"). Pusieron atención para no culparse el uno al otro; ¡eran la pareja típica de libro de texto!

Aprendieron a escucharse con empatía, a entenderse y a ayudarse el uno al otro. Trabajar como equipo fue capacitador para ambos, y se solucionaron diferencias sin hacer concesiones. Su mantra silencioso era: "no pelearse por la vida". Lo que yo más observé sobre Bill y Diane era que tenían estilos de relacionarse que eran compatibles. Los dos eran calmados y racionales.

Trabajaron duro cuando se trató de limar los lugares ásperos; las diferencias eran evidentes, pero se solucionaron con trabajo. Lo único necesario fue un poco de ayuda en la dirección correcta, y ellos despegaron hacia el cielo de la satisfacción matrimonial.

Para Bill y Diane, la terapia matrimonial funcionó tal como mi experiencia predijo. Todos mis años de estudio de la terapia matrimonial y familiar estaban dando resultado; todos estábamos contentos. Yo estaba segura de que Bill y Diane vivirían una larga vida comprometidos el uno con el otro porque solucionaban con calma sus diferencias. No hay un gran debate aquí: si ustedes son como Bill y Diane, considérense bendecidos y la pareja que todo terapeuta matrimonial anhela tener. Pero si no son como ellos, aún hay esperanza.

Conozca a los luchadores: John y Mary

Cuando John y Mary llegaron a terapia, yo saqué mis guantes de boxeo y respiré profundamente. Tiempo para hacer de árbitro. Yo sabía que la hora estaría llena de gritos e interrupciones. Yo tenía que estar al máximo y tomar el control; no estaba interesada en que ellos emplearan toda la hora en hacer lo que hacían tan bien sin mí: pelearse. En mi oficina, ellos aprenderían a calmarse y a ser respetuosos; ¡yo los moldearía como a Bill y Diane!

Observé cómo se relacionaban el uno con el otro. Se peleaban por todo; había un gran drama en mi oficina. Uno sobrepasaba al otro, y la conversación normalmente se convertía en un partido de gritos.

—Oh sí, ¿recuerdas la vez que insultaste a mi madre?

—Yo nunca insulté a tu madre; ¡lo más probable es que ella me insultara a mí!

—Sí, claro; pues yo lo recuerdo de modo diferente. Tú te estabas burlando de mi loca familia.

Ambos comienzan a reírse.

—Ya está bien. Mi familia no está loca; simplemente es un poco rara a veces.

—Oh, vamos. Realmente no crees eso, ¿verdad?

—Tú te casaste conmigo. ¿Me hace eso estar loca también?

—No estoy diciendo que estés loca. Estoy hablando de tratar con tu madre, que siempre tiene una opinión que expresar sobre cómo educamos a nuestro hijo.

—Ella es una madre, y no creo que lo hiciera tan mal conmigo, ¿no crees?

—A veces me lo pregunto.

—Bueno, a veces la verdad duele.

—Oh, por favor, dame un respiro. ¿Cuál es tu problema básico cuando se trata de mi familia? No es que la tuya sea como un sueño hecho realidad.

Continúan los gritos. Nada se resuelve, y el volumen se eleva. Esa adorable discusión familiar parece que se ha repetido numerosas veces sin resolverse nada. A Mary le gusta su familia y quiere los consejos de su madre sobre la educación de los hijos. John quiere que su suegra se aparte del camino. La pareja no puede ponerse de acuerdo sobre el papel que desempeña la familia en su relación.

John y Mary vuelven a visitar el problema semanalmente. Su conversación raramente produce un resultado, pero es muy entretenida. Esta pareja ha convertido la pelea en un arte; y, debo decir, que cada uno tiene un talento igual de bueno.

Es momento de enseñar a esta pareja cómo comunicarse mejor y resolver sus diferencias.

—John, ¿puedes decirle a Mary con calma lo que no te gusta sobre sus métodos de disciplina con tu hijo? ¿No era ese el problema que los trajo a la terapia? Mary, escucha a John con atención y repite lo que él te dice para comprobar que lo entendiste bien. Ahora, John, dilo usando frases con "yo". Dile a Mary lo que quieres; no insultes a su familia. Ahora, Mary, es tu turno para decir lo que te gustaría. Por favor, no grites. Sé que estás molesta. Sólo díselo a John… no, no, no volvamos a pelearnos. Sólo dile lo que tú crees que es mejor, y John te dirá lo que él ha oído. Recuerda usar frases con "yo".

Mientras tanto, yo estoy pensando: "¿Realmente cambiará algo esto? Estos dos no van a adoptar este modo de hablar. ¡No estoy segura de que yo lo hiciera! Seguirán peleándose a pesar de lo que yo les diga. Una discusión de algún modo conduce a otra; pero si se pelean así, no pueden ser felices, ¿verdad? Sin duda, se separarán antes de un año. Ellos solamente resuelven cosas después de haberse arrastrado por el fango el uno al otro, y la mitad de las veces no hay resolución alguna. ¿No es mi tarea hacer que se hablen el uno al otro como dos psicoterapeutas en formación? Cuanto más suenen como yo, mejor estarán" (tenga en mente que yo era joven e inocente en ese punto en mi carrera como terapeuta). Sin importar lo que yo haga, estos dos insisten en pelearse. Finalmente, con frustración, les grito y les digo que lo suelten.

—¿Soltar qué?—pregunta John—. Finalmente estamos logrando algo. Usted nos está ayudando mucho.

—¿Lo estoy?

Todos comenzamos a reír.

John y Mary tratan sus diferencias peleándose; hablan abiertamente (algunos dirían que combativamente); suenan enojados y no parecen reconocer el punto de vista de la otra persona; según los estándares de los terapeutas, ellos son malos comunicadores. Pero, para mérito de ellos, parecen gustarse genuinamente. Periódicamente a lo largo de la pelea se ríen y no parecen ofenderse; les parece bien pelearse mientras puedan mantener los problemas sobre la mesa. Resolver esos problemas es la consecuencia.

Lo que yo no entendía era que, como Bill y Diane, sus *estilos* de manejar los conflictos eran compatibles. Ambos eran luchadores. Al final de la sesión, me dieron la mano, me dijeron que era una terapeuta estupenda, y se fueron. Yo me quedé sin habla. ¡Ellos se sentían mucho mejor!

Sinceramente yo no creía que esa pareja duraría ni otros dos años; imaginaba que se derrumbarían de agotamiento o se quedarían sordos antes de haber limado sus diferencias. Ojalá yo pudiera haberlos calmado y haberles dado buenas herramientas de comunicación. No les ayudé a dejar de pelearse. Sin duda, ¡no se unirían a Bill y Diane en el país de la dicha matrimonial! Estaba equivocada. Ellos siguen estando juntos.

Quienes evitan los conflictos: Tony y Gail

Gail está muy furiosa, pero no dice ni una sola palabra. ¿Cómo sé yo eso? Lo veo en ella: respira con fuerza, mueve sus pies, lanza miradas amenazantes a Tony, y está lista para darle un puñetazo a alguien. Pero no habla; ni siquiera se mueve ni le mira a él, sino que tiene una extraña sonrisa en su cara.

Tony, por otro lado, se sienta tranquilamente en el sillón, desconcertado de por qué está visitando a una terapeuta matrimonial.

—No entiendo por qué estamos aquí. Tenemos los problemas normales que la mayoría de las parejas tienen, pero estamos bien. Nos queremos; yo no tengo ninguna queja.

—Entonces es un misterio para mí—respondo yo. Silencio. Un largo silencio—. ¿Entonces no hay nada en que yo pueda ayudarles? ¿Nada en absoluto?

Otra vez silencio. Oigan, soy una terapeuta paciente; tengo una hora. Sigue sin haber conversación, aunque Gail me preocupa, pues parece que fuera a explotar en cualquier instante.

En nuestra primera sesión supe que Gail no explota con Tony; en cambio, come en exceso. Ella es obesa. Tony se describe a sí mismo como un trabajador concienzudo. Por lo que observo, le sitúo en la categoría de adicto al trabajo. Gail evita sus problemas comiendo, y Tony trabajando. Al principio, no reconocí que ninguno de ellos identifica esas conductas como un problema; solamente acudieron a verme porque un amigo les dijo que tenían que visitar a un terapeuta. Ese amigo estaba preocupado porque ellos rara vez hablaban sobre sus diferencias.

Tony y Gail no hablan sobre diferencias, y me lo dijeron. Los dos han aprendido a minimizar los conflictos y, de hecho, los evitan siempre que pueden. Tony lo expresó mejor: "Hemos acordado el desacuerdo. No es una gran cosa que no hablemos sobre cosas. Gail y yo nos llevamos bien, y llevamos casados trece años. No puede ser tan malo".

Como terapeuta matrimonial escuché, pero pensaba: "Esta es una pareja disfuncional que opera negando las cosas". Tony y Gail son lo contrario a mis luchadores: John y Mary. Deben de necesitar mi ayuda; no puede ser bueno para ellos evitar así los conflictos. Es momento de rescatar este matrimonio que hace aguas, aunque ellos no sepan que necesitan rescate. Los dos deben aprender a tratar sus diferencias abiertamente; entonces Gail dejará de comer demasiado y Tony trabajará menos, aunque ninguno de ellos haya dicho que quiere ayuda en esas dos áreas de sus vidas. Los dos reconocen que nunca han aprendido a pelearse o no estar de acuerdo, y no era algo seguro que hacer cuando crecían.

Yo pensé que era tarea mía enseñarles a hablar con calma y de modo racional sobre sus problemas. Ya sabe, enseñarles a ser como yo o como mi pareja ideal: Bill y Diane. Tenía que salvar del desastre ese matrimonio, ¿verdad? Bien, no exactamente. Gail y Tony tienen buenas posibilidades de permanecer juntos sea que yo les enseñe a comunicarse o no. Yo soy quien no está sintonizada en lo que sucede; pasé por alto lo obvio, como con mi anterior pareja. Tony y Gail también tienen estilos compatibles de tratar los conflictos. Ellos evitan.

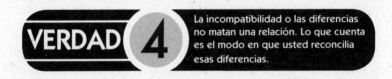

VERDAD 4

La incompatibilidad o las diferencias no matan una relación. Lo que cuenta es el modo en que usted reconcilia esas diferencias.

¿Por qué esas relaciones no están en peligro? Después de todo, todo el mundo sabe que la comunicación y la compatibilidad son claves para las relaciones exitosas. Una pareja se pelea, y la otra evita los conflictos. Sin duda, esas son fórmulas para el desastre.

La respuesta está en los descubrimientos del investigador matrimonial John Gottman y sus colegas en la universidad de Washington. Gottman ha estado estudiando a matrimonios durante años, y ha publicado los resultados en varios libros y revistas. Lo que descubrió su investigación fue que *solamente porque haya peleas o se eviten los conflictos no significa que necesariamente se dirijan hacia el divorcio*.[1]

Que usted tenga diferencias con su cónyuge no es un problema tan grande. La incompatibilidad o las diferencias no matan una relación. El verdadero problema es cómo solucionan esas diferencias. Si usted y su pareja manejan las diferencias del mismo modo o con el mismo estilo, probablemente seguirán casados.

Las parejas descritas anteriormente (los luchadores, quienes evitan y quienes resuelven los conflictos con calma) probablemente seguirán casadas porque tienen estilos compatibles de manejar sus diferencias. ¿Le sorprende? Yo era una terapeuta joven.

Al comienzo de mi carrera, creía que las parejas que se peleaban todo el tiempo estaban abocadas al desastre; también creía que las parejas que evitaban los conflictos estaban condenadas. Por tanto, pensaba que tenía que moldear a todas según el patrón de la pareja calmada y racional: Bill y Diane. Cuando no podía hacer que se comportaran con calma y racionalmente, pensaba que el matrimonio estaba destinado al fracaso, y que yo había fracasado. Afortunadamente, estaba equivocada.

Los estudios demuestran que aprender a estar de acuerdo con calma no es lo que salva el matrimonio. Ahora bien, no me malentienda. Sigo pensando que la buena comunicación es una meta admirable, al igual que lo es el resolver los conflictos; pero ninguna de las dos cosas salvará su matrimonio.

Para disfrutar de un matrimonio sano se necesitan estilos compatibles de manejar las diferencias. Los estilos de manejar los conflictos deben funcionar para ambas partes. Muy bien, entonces la pregunta obvia es: ¿Qué les sucede a las parejas que no manejan las diferencias de la misma manera (luchadores con quienes evitan, quienes evitan con quienes resuelven, quienes resuelven con luchadores)?

Combinaciones mezcladas: Bob y Carol, Ted y Alice

¿Qué sucede cuando tenemos a alguien que evita los conflictos, como Bob, que está casado con una luchadora como Carol? Carol me dice: "Quizá usted pueda hacerle hablar. Yo no puedo, y me está volviendo loca. Lo único que hace es sentarse en su sillón en la noche y leer el periódico. Yo quiero algo de atención. Estoy con los niños todo el día; estoy cansada, y quiero un respiro. Él se va a trabajar y después regresa a casa y se relaja. ¿Cuándo hago yo eso? Quiero que él me preste atención, y lo único que él hace es leer".

"Aborrezco el modo en que actúo, pero estoy desesperada. Yo le incito; le pongo apodos; lo intento todo, aunque no sea agradable, para obtener alguna reacción, pero él no reacciona. Luego me siento mal por las cosas que he hecho y he dicho, y él se aleja aún más. Los dos nos sentimos fatal; sin embargo, nunca conseguimos resolver nada".

La respuesta de Bob es: "Eh, ella sabía cómo era yo antes de casarse conmigo. Así es como soy, y no puedo cambiar eso (ver mito 7). Hago todo lo que puedo". Bob se niega a pelear; quiere evitar los conflictos a toda costa. Cuando piensa en pelearse con su esposa, se enferma físicamente. Él observó a su papá perder el control, golpear periódicamente a su mamá, y con frecuencia enfurecerse con los niños. Bob no quiere ser como su papá; no quiere pelearse; es mejor quedarse callado.

Esta pareja tiene problemas, porque no son compatibles en el modo de manejar sus diferencias. Uno de ellos quiere pelear; el otro quiere evitar. El resultado final es más distancia emocional por parte de Bob y más resentimiento por parte de Carol. Cuanto más evita Bob, más crítica se vuelve Carol.

Luego está Ted, que se enorgullece de ser un hombre calmado y racional; quiere tratar las cosas en el momento en que surgen. "No puedo vivir con peleas. Si algo me molesta, tengo que tratarlo. Hablemos de ello y encontremos una solución a fin de poder hacer las cosas importantes de la vida. Pero Alice es muy emocional, y no puedo razonar con ella. No quiere hablar; solamente llora. No sé qué le sucede. A veces se va de la habitación cuando yo trato de hablar con ella. ¿Cómo podemos resolver nada de esa manera? Si ella fuera razonable..."

Alice responde: "No puedo hablar con Ted; él me asusta cuando quiere hablar sobre un problema. Sé que es una locura, pero si hablamos de problemas, ¿acaso no empeorarán las cosas? Eso es lo que sucedía en mi familia. Después de años de infidelidad de mi papá, mi mamá finalmente lo confrontó; ella lo hizo con calma pero con firmeza. Después de eso, él dejó a la familia. Yo solía pensar: 'si ella no hubiera dicho nada, mi papá podría haber estado aquí para estar conmigo'. Yo le extrañaba terriblemente. No quiero estar en desacuerdo; tengo demasiado miedo".

Ted y Alice también tienen estilos mezclados de relacionarse. Ted es un hombre racional preparado para resolver diferencias, pero se casó con Alice, que evita los conflictos. Los suyos son estilos incompatibles de resolver conflictos. Ted se molesta cada vez más a medida que pasa el tiempo, y comienza a distanciarse de Alice. Alice solamente llora y se aleja. Emocionalmente, los dos están separados el uno del otro, y esa no es una buena señal.

Estas parejas que tienen un estilo mezclado, normalmente tienen problemas matrimoniales. Si uno de ellos no hace un cambio (lo cual, a propósito, conlleva mucho trabajo, pero es posible), tendrán problemas a la larga.

Tienen que ponerse de acuerdo sobre *cómo resolverán las diferencias,* porque los estilos mezclados conducen al enojo y la frustración, lo cual puede volverse desagradable y conducir finalmente a la distancia emocional. Observe que sigo recordándole que la separación emocional es un asesino del matrimonio.

Una manera de evitar esa sentencia de muerte para el matrimonio es aprender a resolver sus diferencias utilizando estilos compatibles. Si usted evita los problemas, puede que tenga que obligarse a sacar a la luz los problemas. Si es un luchador, puede que tenga que calmarse, contar hasta cinco, vigilar su boca, y hablar en un tono razonable. Las personas que tienen estilos similares tienen probabilidades de seguir casadas, en especial si hay otras cosas que también están presentes. ¿Cuáles son esas cosas? Lo descubrirá en el capítulo 7.

Tome un momento y piense en cuál es su estilo de resolver diferencias. No se quede en cuántos conflictos tiene usted o lo bien que se comunica. Olvide el mito de que usted y su cónyuge son demasiado diferentes. Recuerde: lo importante es cómo maneja esos conflictos, ¡no si existen o no!

Permita que le anime con esto. Yo me casé con alguien que evita, y yo soy una luchadora. La primera vez que tuvimos un conflicto importante en nuestro matrimonio, él se alejó, y yo me puse furiosa. No llegamos demasiado lejos en cuanto a resolver nada. Intuitivamente (yo estaba en la escuela estudiando para ser terapeuta), nos sentamos y hablamos sobre cómo podíamos manejar los desacuerdos. Él no podía alejarse, ¡y yo no podía ser histriónica! El compromiso era que él se obligaría a quedarse en medio del desacuerdo (contrariamente a su trasfondo familiar), y yo me obligaría a calmarme y tratar el problema (contrariamente a mi trasfondo familiar). Funcionó. Treinta y tres años después, nuestros estilos han evolucionado juntos. Aunque eran incompatibles al principio, ahora resolvemos las diferencias con estilos compatibles.

Identificar su estilo de manejar las diferencias

Identifique su estilo. ¿Es usted un luchador, alguien que evita, o resuelve los conflictos con calma? ¿Está casado con un luchador, alguien que evita, o con quien resuelve con calma? ¿Tienen estilos compatibles? Si es así, sáltese esta sección. Si no, siga leyendo. Uno o ambos tendrán que hacer cambios si quieren que su relación perdure. Trabaje en su estilo de manejar las diferencias utilizando las siguientes sugerencias:

- Si es usted alguien que evita y está casado con un luchador o quien resuelve, trate de hablar más de los problemas. Aprenda a afirmarse a sí mismo. Encuentre su voz. No tenga miedo a causa de su pasado (ver el capítulo 4). Puede que necesite consejería para ayudarle a solucionar experiencias del pasado a fin de que no se repitan en el presente. Trabaje en cualquier cosa que esté evitando que aborde usted el problema.

- Si es un luchador y está casado con alguien que evita o quien resuelve, trate de calmarse. Cuando entre en su modo de pelea, tome diez minutos de tiempo muerto para calmarse y pensar. Cuente hasta diez lentamente; respire profundamente para poder hablar sin gritar. Básicamente, aprenda técnicas de calma. Ore para tener dominio propio.

- Si usted es alguien que resuelve con calma y está casado con un luchador, no se moleste tanto si su cónyuge no se comporta como usted lo hace. Reconozca su necesidad de no apasionarse tanto. Podría probar lanzar usted mismo un poco de emoción a la discusión.

- Si es usted alguien que resuelve con calma y está casado con alguien que evita, aliéntelo a que le diga qué anda mal. Asegúrele que no sucederá nada malo, pues usted querrá saber lo que él o ella piensa o siente. Haga de su relación un lugar seguro para sacar a la luz problemas.

Decidan cómo manejarán las diferencias como pareja. Aunque no tenga usted que volverse calmado y racional en su enfoque para salvar su matrimonio, yo creo que hay una razón bíblica para tener como objetivo ese estilo.

Eh, eso no es lo que dice la Biblia

Uno de mis libros infantiles favoritos está escrito por Bill Ross y se titula *Eh, eso no es lo que dice la Biblia*. El autor cuenta una historia bíblica y luego rescribe el final a fin de que no sea bíblicamente correcto. Usted (preferiblemente, sus hijos) da la vuelta a la página para tener a un montón de niños gritando: "eh, eso no es lo que dice la Biblia", y la historia es corregida.

Aunque los estudios sobre el matrimonio muestran que los luchadores y quienes evitan con estilos compatible tienen más probabilidades de permanecer juntos, le desafío a que considere lo que la Biblia tiene que decir sobre cómo manejar las diferencias. Como los niños en el libro, usted tiene que cuestionar el final al que le lleva ese estudio. ¿Está bien ser un cristiano luchador o alguien que evita, o es usted llamado a un estándar más elevado? Usted y su cónyuge puede que sean capaces de mantener un buen matrimonio con esos estilos de resolver conflictos, ¿pero son compatibles con la enseñanza bíblica con respecto al desarrollo del carácter?

¿Qué dice la Biblia sobre los conflictos?

Bíblicamente, se le enseña a acudir a alguien cuando tiene usted un conflicto (Mateo 18:15). Se le dice que resuelva sus diferencias; debe usted eliminar el dolor y el enojo a fin de que no echen raíz y se conviertan en falta de perdón y amargura (Efesios 4:26). El enojo no es malo, pero si se maneja incorrectamente, puede ser dañino.

Cómo tratar con el enojo

Los cristianos con frecuencia creen que el enojo es malo, y utilizan la Escritura para justificar su postura. Por ejemplo, tuve una pareja en terapia que tenía graves problemas matrimoniales que estaban afectando a su hija adolescente. El esposo era un hombre enojado cuyo mensaje, claro y silencioso, era que nadie tenía permiso para estar en desacuerdo con él. Ese mensaje jugó su papel en la bulimia que se desarrolló en su hija. Ella no podía hablar abiertamente sobre su padre, así que utilizaba la comida para rebelarse secretamente.

La esposa se deprimió, no desafiando nunca abiertamente a su esposo, aunque sentía que no tratar con él contribuía a la aflicción de su hija. En la terapia, la esposa hizo tímidos intentos de estar en desacuerdo; cuando lo hacía, su esposo citaba la Escritura acerca de que ella tenía que ser una pacificadora. Utilizaba la Biblia (incorrectamente) para silenciar a su esposa.

Su postura estaba basada en una idea errónea sobre que los cristianos no han de enojarse, una idea errónea que, al igual que muchos cristianos, él aprendió de niño. Por tanto, siempre que había un desacuerdo, él lo detenía citando versículos escogidos. La bulimia de la hija era un intento de rebelarse contra ese mandato y hacer lo que la madre no podía hacer: encontrar un canal para desahogar su enojo.

El enojo no es malo; es una emoción dada por Dios. Las emociones son simplemente respuestas del humor a la vida. Están influenciadas por pensamientos y conductas, y son impredecibles, positivas y negativas. Son parte de su constitución como ser humano. Dios no cometió un error y dijo: "Uy, incluí el enojo cuando creé al hombre. Eso fue un error. ¿Ahora qué?".

El enojo es una respuesta emocional que se produce en las relaciones. Por ejemplo, puede que usted se enoje cuando su esposo olvida sacar la basura. Su esposa puede hacerle enojar cuando es ella quien conduce desde el asiento del copiloto. Negar el sentimiento no tiene propósito alguno. De hecho, puede conducir a todo tipo de dificultades físicas y emocionales, como la depresión, trastornos alimentarios y problemas de alcohol y de drogas.

Jesús experimentó un amplio rango de emociones cuando vivió en la tierra: compasión, lástima, tristeza, angustia y, sí, enojo. Él se enojó cuando los fariseos trataron de atraparlo en el legalismo y se negaron a reconocerlo como el Mesías. Se enojó con los cambistas en el templo por hacer de la casa de su Padre una cueva de ladrones.

Obviamente, Dios sabe que el enojo es una parte de la constitución emocional que Él creó dentro de usted, y por eso le enseña que "se enoje, pero no peque" (ver Efesios 4:26). La primera parte de este versículo da permiso para estar enojado. El enojo puede utilizarse para corregir el error y producir cambio, pero el mal uso del enojo puede ser problemático. "No pecar" significa controlar esta emoción y utilizarla de maneras productivas, no destructivas.

Espiritualmente se le enseña:

• *Por esto, mis amados hermanos, todo hombre sea pronto para oír, tardo para hablar, tardo para airarse (Santiago 1:19).* Ya sea que quiera desahogar o enterrar su enojo en su interior, la instrucción es calmarse y tratar el problema de inmediato. Las cosas dichas apresuradamente pueden herir; las palabras son poderosas y no pueden retirarse. Piense, escuche, y cálmese antes de reaccionar; luego trate el enojo de inmediato, no semanas, meses o hasta años después.

• *El necio da rienda suelta a toda su ira (Proverbios 29:11).* Puede que esté usted enojado, pero no tiene licencia para darle rienda suelta ante nadie o ante nada. Controle su lengua y su conducta. El dominio propio es un fruto del Espíritu. Maldecir, golpear, romper cosas e intimidar a otros no son conductas piadosas.

• *Pero yo os digo que cualquiera que se enoje contra su hermano, será culpable de juicio; y cualquiera que diga: Necio, a su hermano, será culpable ante el concilio (Mateo 5:22).* Poner motes a otros y amedrentar no son conductas piadosas; son dañinas y no tienen propósito alguno sino el de herir a la otra persona.

• *No tomar venganza (Romanos 12:19; Hebreos 10:30).* Usted y yo vivimos en una cultura de demandas y venganza. El Señor dice que la venganza es de Él y que él pagará. Esa no es una postura popular, y es muy difícil de aceptar, pero no devuelva mal por mal. Los matrimonios edificados en la venganza están abocados al divorcio.

• *Perdonar a quienes le hagan enojar (Mateo 6:14).* Perdone a otros como Cristo le ha perdonado a usted. No importa lo justificado que esté usted en su postura; si su cónyuge está equivocado, usted debe perdonar. Usted no merecía el perdón de Cristo, pero Él se lo dio de todos modos. Ahora haga lo mismo por su cónyuge. No espere que él o ella pidan perdón.

• *Vaya hasta la fuente de su enojo (Salmo 139:23-24).* Examine su corazón y sea sincero. ¿Por qué está verdaderamente enojado? ¿A quién está juzgando? Haga las preguntas difíciles a fin de poder tratar eficazmente la raíz de su enojo. Puede que tenga que pensar y orar acerca de la fuente real del enojo, porque a veces no es inmediatamente evidente. Con frecuencia, en la terapia, las parejas estarán enojadas con sus cónyuges solamente para descubrir que la verdadera fuente se remonta a experiencias dolorosas del pasado. El cónyuge se convierte en el objetivo involuntario de ese dolor convertido en enojo.

- *No permanezca enojado (Colosenses 3:8).* Esto es clave. Sienta enojo, trate de resolver el problema, y después siga adelante. Puede enfermarse físicamente y emocionalmente si se aferra al enojo, pues la amargura puede desarrollarse y crecer. No todo en la vida puede resolverse, así que aprenda a dejarlo estar.

- *Entregue el enojo a Dios (1 Pedro 5:7-8).* Finalmente, muestre su enojo a Dios; entrégueselo a Él. Él puede manejarlo, y hará más para sanarnos que lo que podría lograr cualquier disculpa o venganza.

Además de las instrucciones espirituales concernientes al enojo, necesita usted dar pasos prácticos. Los siguientes son algunos con los que comenzar. Muchas comunidades ofrecen ayuda para los problemas de enojo. Busque seminarios locales, talleres y clases sobre el manejo del enojo. Hable con consejeros, busque libros, y ore para que el amor de Dios llene su corazón para poder experimentar el fruto del Espíritu. Aprenda a controlar los impulsos de enojarse.

- *No ponga excusas para su enojo.* Es fácil decir: "Así es como yo soy", o: "mi padre era así, y lo aprendí de él". Asuma su responsabilidad. Usted no es una víctima de las personas o de las circunstancias. Usted es responsable de su propia conducta, a pesar de lo que sea.

- *No saque conclusiones con rapidez.* Pregúntese: "¿Está mi enojo basado en una situación real, o está mal mi percepción?". A veces podría usted interpretar mal a su cónyuge, aun después de haber estado juntos por mucho tiempo. Podría juzgarlo incorrectamente y seguir molesto. Aclare la situación y los hechos de un momento de enojo.

- *No permita que el enojo cubra otras emociones.* El enojo puede hacerle sentir poderoso y enmascarar el dolor. El enojo es una emoción sancionada socialmente para los hombres, mientras que otras emociones se consideran menos masculinas. Bajo el enojo puede esconderse un alma defraudada o herida.

- *Niéguese a seguir pensando en la injusticia.* Muchas parejas siguen rumiando problemas del pasado, en especial aquellos en que fueron tratados injustamente. Suéltelo. Confronte el problema, haga lo que pueda, y luego siga adelante. No se quede atascado en el enojo.

- *No explote.* Los estudios en realidad demuestran que cuando usted expresa enojo al gritar, golpear almohadas o enfurecerse, en realidad aumenta el enojo en lugar de reducirlo. Contrariamente a la creencia popular, explotar no hace que se vaya el enojo.

- *Escoja pensar en cosas buenas.* Oblíguese a repasar las buenas cualidades y conductas de su cónyuge. Si se queda en las cualidades negativas, su enojo aumentará.

- *Haga algo físico, como un deporte, para liberar ira de su cuerpo físico.* Dé un paseo, juegue al tenis o entrene en el gimnasio. Son maneras apropiadas de liberar tensión física.

- *Sea firme y confronte, pero sin agresividad.* Se tratarían más problemas si las personas fueran más amables y menos intimidantes. Trate a su cónyuge como trataría a un jefe o a una persona respetada.

- *Practique estrategias para calmarse.* Cuente hasta diez. Respire profundamente. Aprenda relajación profunda de los músculos y otras estrategias físicas y emocionales para calmarse.

- *Tome un tiempo muerto.* Funciona tanto para niños como para adultos.

- *Aléjese temporalmente.* Esta es una forma de tiempo muerto, y útil siempre que regrese para tratar el problema.

- *Trate sentimientos subyacentes de inseguridad, baja autoestima y heridas del pasado.* Muchas veces el conflicto entre dos cónyuges es una repetición de problemas del pasado no resueltos y de inseguridades individuales. Puede que necesite consejería y un encuentro profundo con Dios, pidiéndole que le revele esas áreas de su vida que están en reconstrucción.

Resolver las diferencias a la manera de Dios

La postura bíblica sobre los conflictos y el desacuerdo es que deben resolverse. Los cónyuges en la Biblia tenían desacuerdos: Abraham y Sara, al igual que Jacob y Raquel, discutieron sobre no poder tener hijos. La esposa de Job no estuvo de acuerdo con respecto a tratar su enfermedad. Obviamente, aquellas no eran malas personas; sencillamente tenían desacuerdos. Tampoco es usted malo si no está de acuerdo con su cónyuge.

El modelo bíblico es afrontar el conflicto, acudir a la persona implicada y hablar de ello, conseguir un mediador si es necesario, y resolverlo. Eso no proporciona caso para evitar el conflicto, ¿verdad? Tampoco proporciona mucho caso para las peleas incontroladas, porque se le dice que confronte con amabilidad y amor.

Como si eso no fuese trabajo suficiente, tiene que perdonar y avanzar en su relación. No debe guardar rencor; debe vivir en paz; no una paz a cualquier precio, sino una paz producida por la confrontación en amor.

El perdón es parte del proceso

Mary tuvo una pelea con su esposo. En la terapia, ella dijo que le había perdonado, pero no estaba dispuesta a reconciliar la relación. ¿Acaso existe alguna diferencia? ¿Cuál debería ser la respuesta cristiana hacia su esposo?

Las personas se confunden acerca de la diferencia entre perdón y reconciliación. No son la misma cosa. La principal diferencia es esta: la *reconciliación* es algo que sucede entre dos personas; el *perdón* es un proceso individual. Sólo porque usted perdone a su cónyuge no quiere decir que se haya reconciliado con él; pero Cristo nos llama a hacer ambas cosas.

El perdón es un regalo que usted le hace a otra persona. El perdón no sólo libera a la otra persona de una ofensa, sino que también le libera a usted de aferrarse a esa ofensa. No siempre es instantáneo; palabras, actos y emociones dañinas tienen que sanar con el tiempo. Cuando usted perdona, debe soltar la emoción negativa (ira, resentimiento) y los pensamientos negativos (juicio) hacia la persona que le hizo daño. El perdón es un regalo incondicional que usted da, merecido o inmerecido, porque Dios se lo dio a usted. Ese es el ejemplo de Cristo.

La reconciliación es un proceso interpersonal que restaura la confianza entre dos personas. Mary no estaba dispuesta a solucionar las diferencias con su esposo; a fin de reconciliarse, ella tendría que resolver, o hacer a un lado, las diferencias y enmendar la relación rota.

Las parejas hoy día son desafiadas a ir más allá del perdón, hacia la reconciliación. Cuando se produce una rotura en la relación por medio del conflicto, con demasiada frecuencia se busca el divorcio, sin reconciliación. La reconciliación requiere una mutua restauración de la confianza entre dos personas, la cual se produce por medio de conductas de confianza y trabajo interpersonal. El perdón es solamente el primer paso en el proceso.

Hay casos en los que no es deseable la reconciliación. Cuando un cónyuge es abusivo y peligroso y continúa con su conducta, el otro cónyuge puede perdonarlo pero decidir no reconciliarse basándose en su seguridad. Quienes abusan continuadamente carecen de arrepentimiento, y el peligro físico es una realidad.

Para el cristiano que no está en una relación peligrosa, no es suficiente con resolver las diferencias o perdonar; Jesús nos llama a reconciliarnos (Mateo 5:24), a restaurar nuestras relaciones el uno con el otro, y a vivir juntos en unidad siempre que sea posible. Decida en su corazón ir más allá del perdón; honre su pacto, y trabaje hacia la reconciliación matrimonial.

Mary hizo lo correcto al perdonar a su esposo por lo que él hizo; ahora, con la ayuda de Dios y la disposición de ella, la reconciliación es una meta que puede lograrse.

Por tanto, recuerde que ni los luchadores ni quienes evitan están necesariamente abocados al cementerio en su relación; lo importante es el modo en que usted maneje las diferencias. La manera de Dios puede que se más difícil, pero siempre es la manera mejor. Siga sus principios y maneje los desacuerdos en amor. Si necesita una buena definición de amor, busque 1 Corintios 13. ¿Leyeron este pasaje en la ceremonia de su boda?

La historia continúa

Desarrollar estilos compatibles de tratar las diferencias es solamente parte de la historia. Otro punto importante es que no todos los problemas de pareja pueden arreglarse. Los matrimonios pueden vivir y hasta prosperar cuando las parejas aprenden a aceptar las diferencias que no pueden solucionarse. Mire a matrimonios que han perdurado por años; esas parejas no son perfectas, y probablemente se peleen y tengan desacuerdos. Muchas tienen las mismas peleas una y otra vez pero no parecen distanciarse debido a sus diferencias; han aprendido a aceptar las diferencias como un hecho de la relación.

Usted y su cónyuge tienen fallos; sin embargo, Dios los ama a cada uno de ustedes incondicionalmente. El amor incondicional es la clave. Ciertos rasgos de la personalidad son parte del paquete del "sí, quiero". Trabaje en amar a su cónyuge tal como Cristo le ama a usted. Si llega a una encrucijada de diferencia que parece no tener solución, acuerden estar en desacuerdo. No permita que se acumulen sentimientos negativos, y no siga tratando el tema. Por el contrario, trabaje más para vivir con su cónyuge, aun si él o ella no son exactamente como es usted.

Estrategias para un matrimonio sano

A fin de cultivar un matrimonio sano, yo:

- Identificaré la manera que yo tengo, y también mi cónyuge, de manejar las diferencias.
- Desarrollaré un estilo compatible de manejar las diferencias utilizando las sugerencias de este capítulo.
- Escogeré un ejemplo bíblico que incluya confrontación en amor, control de mi lengua y una apropiada expresión de enojo.
- Obtendré ayuda y practicaré el manejo del enojo si tengo un problema de ira.
- Escogeré perdonar las diferencias y reconciliar la relación.
- Acordaré estar en desacuerdo sobre asuntos que parecen no tener solución.

CAPÍTULO 7

Alejamiento

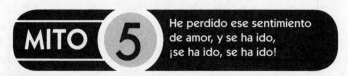

MITO 5 — He perdido ese sentimiento de amor, y se ha ido, ¡se ha ido, se ha ido!

"Ya no estoy enamorado de Julie; de hecho, me pregunto si alguna vez la quise de verdad." Jeff se quedó mirando a sus pies. "Ya no quiero estar con ella; no siento nada por ella. Este matrimonio está muerto."

Tranquilamente, Julie añadió: "No sé cómo hemos llegado a este punto. Apenas hablamos y, cuando lo hacemos, no tenemos nada bueno que decir". Comenzaron a rodar lágrimas por sus mejillas; el dolor era obvio. "Por tanto, nos ignoramos el uno al otro; en realidad, hemos estado viviendo vidas separadas durante un año más o menos. ¿Cómo ha sucedido esto? ¿Es posible desenamorarse de alguien?"

Cuando presioné a Julie y a Jeff para que me dieran ejemplos de momentos positivos en su relación, se quedaron en blanco. Lo único que podían recordar eran desagradables peleas e interminables quejas. Jeff fue el primero en alejarse por la negatividad; comenzó a distanciarse, y finalmente dejó de interesarse.

Cuando Jeff se alejó, el pánico de Julie se manifestó en un aumento de las críticas. Le gritaba todo el tiempo y le ponía motes. Nada de eso parecía moverle. Cuanto más se alejaba él, más llegaba ella con una inundación de quejas. Emocionalmente, Jeff se fue, y Julie se deprimió.

La relación de Jeff y Julie tiene todos los ingredientes necesarios para el divorcio. Ellos no ven otra solución excepto poner fin a su relación y seguir adelante con sus vidas. Ellos representan a muchas parejas que están emocionalmente desconectadas; el sentimiento de amor se ha erosionado.

La pregunta es: ¿Cómo llegaron Jeff y Julie a ese punto? Los amigos recuerdan sus años de noviazgo, su boda y sus primeros años de matrimonio con alegría. Jeff y Julie sin duda estaban enamorados; de algún modo perdieron ese sentimiento de amor, y ahora se ha ido, se ha ido, se ha ido. Si miramos más de cerca su relación y regresamos al estudio de Gottman, encontraremos respuestas.

Los estudios de Gottman nos dicen que la *calidad* de la relación emocional con su cónyuge es importante. Sus hallazgos son sencillos pero vitales para la salud de cualquier relación íntima. Cuando los intercambios positivos sobrepasan a los negativos, las relaciones van bien. Más concretamente, Gottman cuantificó esta proporción de interacciones positivas y negativas, y es una estupenda pauta para las parejas.

La regla de cinco a uno de Gottman

En el capítulo anterior, hablé sobre la importancia de los estilos compatibles al tratar las diferencias. El estudio de Gottman también nos dice que las parejas deben tener una sana proporción de momentos positivos con respecto a los negativos. Tras años de observar a parejas, Gottman y sus colegas descubrieron que por cada momento negativo, son necesarios cinco positivos para balancear la relación. Así, por ejemplo, si usted y su cónyuge son luchadores, debe haber muchos momentos positivos (cinco por cada uno) en su relación cuando no se pelean. Si es usted un luchador apasionado, entonces sea un amante apasionado. Si defrauda a su cónyuge (lo cual prefiero que no haga), edifíquelo cinco veces más.[1]

Cuando las peleas sobrepasan a lo positivo

Jeff y Julie eran ambos luchadores. Al comienzo de su matrimonio, entablaban acaloradas peleas que con frecuencia terminaban con apasionadas reconciliaciones. Jeff era muy atento con Julie y muy romántico; le enviaba flores y notas especiales, y la llamaba con frecuencia durante el día solamente para oír su voz. Ella le regresaba esa atención positiva con afecto, humor y el deseo de satisfacer las necesidades de Jeff.

Durante los cinco primeros años de matrimonio, el número de intercambios positivos sobrepasaban con mucho a cualquier negatividad resultante de las peleas. Pero cuando el estrés comenzó a aumentar, las cosas cambiaron. A Jeff no le dieron un importante ascenso, mientras que Julie avanzó en su trabajo. Unos meses después, la mamá de Julie sufrió una embolia, y el proceso de recuperación fue lento. Jeff y Julie seguían peleándose, pero algo cambió relacionado con el mayor estrés; en lugar de pelearse por diferencias, sus intercambios adoptaron una negatividad personal. Se volvieron sarcásticos; la crítica se volvió algo común, hasta que ambos sintieron un disgusto el uno hacia el otro. La amistad que disfrutaban al comienzo de su relación, se deterioró con rapidez y desembocó en resentimiento y defensiva.

Julie sospechaba que Jeff envidiaba su ascenso; sus celos tomaron la forma de defraudar y controlar. Jeff estaba agradecido por el dinero extra que les proporcionó el ascenso de Julie, pero sintió que le hicieron de menos cuando no le dieron el ascenso en su empresa. Él sabía que estaba mal, pero comenzó a resentir el talento de Julie y buscó maneras de hacerla parecer mal. Julie estaba enojada con Jeff por la insensibilidad que mostraba hacia los problemas de salud de su mamá. Él se quejaba de que ella pasaba demasiado tiempo con su mamá e ignoraba las necesidades de su propia familia. Discutía por la dependencia de su mamá e insistía en que Julie demandara que los demás hermanos se implicaran. El estrés de tener una madre enferma y un esposo enojado pesaron sobre Julie. Abrumada, desconectó las necesidades emocionales de Jeff; resentía su falta de apoyo, y pronto comenzó a sentirse resentida con él.

El resultado fue un cambio que derrumbó la relación. Como una reacción al estrés, Julie y Jeff comenzaron a lanzarse flechas negativas el uno al otro; su objetivo se volvió personal. Todas sus frustraciones eran lanzadas contra el otro; finalmente, las heridas eran tan profundas que ya no podían soportar estar juntos. Se habían alejado, y su amistad murió.

Cuando evitar los conflictos se vuelve mortal

Otras parejas puede que no se peleen como Jeff y Julie; en cambio, evitan los problemas. Como aprendimos en el capítulo 6, eso no significa muerte para la relación. Una razón por la que las parejas permanecen casadas aun cuando evitan los conflictos es que los momentos positivos sobrepasan a los negativos. Quienes evitan puede que sean menos apasionados que los luchadores, pero también son menos negativos. Consideran sus hogares como lugares de solaz con suficientes buenos momentos para sobrepasar a los malos.

"Bueno" para algunas personas puede ser una atmósfera tranquila y calmada con ausencia de cosas negativas (golpes, bebida, insultos). Aun cuando algunas parejas tienen temor a los desacuerdos y no resuelven los problemas, hay bastantes cosas buenas que suceden en la relación para mantenerlos satisfechos.

Pero cuando el evitar los conflictos conduce a sentimientos de enojo, y uno de los cónyuges guarda críticas en secreto, eso puede volverse destructivo. Tomemos el caso de Tom y Cindy.

Cindy creció en un hogar con alcoholismo y aprendió a temprana edad a guardarse su opinión para sí misma. Si estaba en desacuerdo con su padre, él se volvía violento y atacaba verbalmente.

Los padres de Tom fingían que no había problemas; se negaban a abordar la mayoría de las dificultades y sufrían cierto número de problemas de salud psicosomáticos. Tom aprendió a evitar los conflictos.

Cuando el hijo mediano de Tom y Cindy comenzó a rebelarse yendo a fiestas y bebiendo, Cindy tuvo pánico; temía que su hijo se convirtiera en un alcohólico como su padre. La respuesta de Tom al problema de bebida de su hijo fue no hacer nada; le dijo a Cindy que estaba reaccionando en exceso, que su hijo solamente estaba pasando por una fase de la adolescencia y que estaría bien después de poner fin a su curiosidad. Cindy no estaba convencida, pero no dijo nada.

A medida que el hijo de la pareja se volvía más problemático, Tom seguía negándose a actuar. El enojo de Cindy aumentó, y sus pensamientos hacia su esposo se volvieron negativos; comenzó a verlo como un flojo: carente de liderazgo e irresponsable. Ella mantuvo para sí esos sentimientos, por temor a decir nada. Tom continuó minimizando los problemas de su hijo.

Con el tiempo, Cindy comenzó a aborrecer a Tom por su incapacidad para hacerse cargo de la situación; su resentimiento aumentó, y se alejó. Un día, ella anunció que se iba; Tom se quedó anonadado. No había habido intercambios de enojo; lo que él no sabía era que el largo resentimiento de Cindy se había convertido en desprecio. Era momento de desconexión emocional.

No abordar un grave problema con su hijo condujo a Cindy por un camino destructivo. Ella escogió criticar a su esposo hasta el punto de aborrecerle por su falta de acción; sin embargo, nunca confrontó sus sentimientos negativos, y vio cómo los puntos positivos de la relación se desvanecían.

Tanto Tom como Cindy evitaban los conflictos, pero bajo el estrés, los sentimientos de Cindy comenzaron a cambiar. Sus intercambios con Tom se volvieron más negativos, y su percepción de él cambió. Los momentos positivos menguaron bajo el estrés no resuelto. El amor de Cindy por Tom comenzó a desvanecerse.

A medida que los sentimientos de Cindy cambiaban, rara vez se producían intercambios positivos. La mayor parte de la conducta de Tom era filtrada por una lente negativa. Obviamente, la regla del cinco a uno ya no estaba operando.

Si usted siente que ha perdido el amor por su cónyuge, hágase las siguientes preguntas:

- ¿Tenemos más intercambios positivos en nuestra relación que negativos?
- ¿Me gusta en general la persona con quien me casé?
- ¿Considero un amigo a mi cónyuge?
- ¿He permitido que la negatividad aumente y adopte un ímpetu propio?

Si la negatividad y los intercambios negativos han ganado ímpetu en su relación, es momeo de hacer cambios. Cuando usted comienza a considerar a su cónyuge un enemigo —y no su amigo—, tiene problemas. Cuando esos intercambios negativos sobrepasan a los positivos, usted comienza a alejarse emocionalmente. Con el tiempo, el divorcio se convierte en una opción que usted acepta de buena gana.

Las relaciones, cuando están bajo estrés, pueden deteriorarse debido a expectativas fallidas, falta de comprensión de uno mismo, culpa inapropiada, vivir fantasías, y otras emociones y conductas destructivas. Cuando una de las partes permite que lo anterior se traduzca en continuos intercambios negativos, la relación tiene problemas.

VERDAD 5 — Ese sentimiento de amor puede ser restaurado.

Para disfrutar de un matrimonio sano debe usted tener más momentos buenos que malos. ¿Cómo se logra eso? Si les encanta montar en bicicleta, háganlo; si les gustan los buenos libros, únanse a un club de libros; si les gusta reírse, renten una película de humor; si sabe usted dar buenos masajes, hágalo con frecuencia. Si le gusta escuchar que le quieren, dígalo usted. Diga lo que le guste; comuníqueselo a su cónyuge, y luego hágalo. Cree momentos buenos o traiga a la memoria buenos recuerdos de su tiempo de noviazgo. ¿Qué fue lo primero que le atrajo? ¿Cómo disfrutaban el uno del otro? ¡Vuelva a hacer más de esas cosas!

Usted debe mantener fuerte la parte de amistad de su relación. Pasen tiempo juntos, ríanse, y creen recuerdos felices. Es fácil permitir que el ajetreo o el aburrimiento se apoderen de su relación. Aparten tiempo para salir a dar un paseo, para tener una cita, o solamente para sentarse al lado de la chimenea con el televisor apagado. Hablen sobre sus sueños y sus objetivos individuales y como pareja. Permanezcan en contacto.

Lo más importante, oren juntos como pareja. La unidad espiritual que proviene de orar juntos es poderosa. Oren el uno por el otro, anímense el uno al otro, y compartan sus necesidades y desengaños. He descubierto que las parejas que dejan de orar juntas o que nunca lo hacen tienen más problemas que las que sí oran juntas. ¿Por qué? Porque tienden a ocultar su angustia y a minimizar la importancia de la unidad espiritual. La unidad espiritual edifica intimidad. Si necesita usted desarrollar un vínculo más íntimo con su cónyuge, comiencen un tiempo regular de oración como pareja. Se sorprenderán por la diferencia que marca.

Alejarse el uno del otro

Las parejas se encierran en ciclos negativos de interacción que con frecuencia los separan. Se alejan el uno del otro en lugar de acercarse cuando aumenta el estrés. En lugar de formar un frente unido contra el estrés y las presiones de la vida, el cónyuge se convierte en el enemigo. Eso les sucedió a Dan y Rita.

Dan y Rita recibieron un diagnóstico de infertilidad. Los especialistas no sabían por qué la pareja no era capaz de tener hijos; sencillamente eso pasaba. Meses de pruebas, medicamentos, inyecciones y operaciones condujeron a años de soportar el estrés crónico de la infertilidad. Rita aborrecía su cuerpo que no funcionaba bien, y Dan no podía liberar la presión de la continua infelicidad de Rita. Él también quería tener familia. El continuo estrés de la infertilidad condujo a Dan y Rita a distanciarse emocionalmente. En lugar de apoyarse el uno al otro y fortalecerse, se distanciaron y se deprimieron.

La pareja dejó de hablar. Ambos regresaban a casa de sus trabajos y se dirigían a diferentes habitaciones de la casa. Durante la cena, leían el periódico y apenas reconocían la presencia el uno del otro. La depresión de Rita giraba en una espiral descendente, y Dan quería estar lejos de ella tanto como fuese posible, pues los constantes sollozos de ella eran más de lo que él podía soportar. No sabía cómo ayudarla, pues su propia infelicidad era demasiado grande.

En lugar de obtener ayuda para entender la increíble presión que presentaba la infertilidad, Dan y Rita se alejaron. No se utilizaron el uno al otro como una protección contra el estrés; por el contrario, cada uno de ellos se convirtió en la víctima del estrés. La culpa no se convertía en palabras pero se albergaba en sus corazones.

Cuando comenzaron a ser quisquillosos el uno con el otro, los recuerdos de su relación comenzaron a cambiar. La pareja, en un tiempo positiva, comenzó a rescribir su historia. Los recuerdos positivos fueron sustituidos por experiencias negativas más recientes, hasta que finalmente ellos creyeron que las cosas siempre habían sido terribles. Solamente destacaban momentos de dolor.

En verdad, esta pareja, como la mayoría, comenzó sobre terreno positivo. Desgraciadamente, se quedaron atascados en el dolor y el estrés relacionados con una enfermedad médica crónica. Finalmente se fueron cada uno por su camino.

Los asesinos de relaciones de Gottman

En los casos anteriores, las parejas se comportaron de maneras que transformaron sus relaciones positivas en negativas. Sus intercambios se volvieron más negativos, hasta que finalmente desarrollaron desprecio el uno por el otro. Los sentimientos de desprecio crean distancia emocional, la cual finalmente conduce al divorcio.

Se necesita tiempo y mucho trabajo para llegar al punto de no sentir nada hacia su cónyuge. Usted no se levanta un día y dice: "Ya no amo a esta persona". Según el estudio de Gottman, el deterioro de la relación es progresivo, e implica al menos cuatro elementos: crítica, desprecio, defensividad y táctica de cerrojo.[2] Esas cuatro respuestas son destructivas para cualquier relación. Con el paso del tiempo causan un gran daño; finalmente conducen al distanciamiento emocional, que es un importante indicador de divorcio. Lo que Gottman puede o no puede saber es que esas cuatro cosas también desagradan a Dios.

Crítica

Todo el mundo se enoja con su pareja de vez en cuando. Todo el mundo tiene desacuerdos. El enojo, que, a propósito, tiene una mala reputación, no es una emoción mala, como aprendimos en el capítulo 6. El enojo es una respuesta natural a la injusticia, y está bien sentirlo; lo que cuenta es qué hace usted con el enojo. Si se aferra a él, crea usted problemas. Cuando insulta la persona de su cónyuge, usted no solo está enojado, sino que también es crítico.

Por ejemplo, si su esposo se perdió la fiesta de cumpleaños de su hijo porque se quedó a trabajar hasta tarde, usted estaría enojada. La conducta de su esposo hirió los sentimientos de su hijo y también los de usted. Puede hacer una de tres cosas con su enojo:

1. Desahogarse e insultarlo: "Eres un cretino al que no le importa su hijo ni su esposa".

2. Volverse crítica en otros momentos porque ha almacenado el enojo. Un mes después, cuando él se olvida de traer el correo, usted puede decir: "Lo único que haces es pensar en ti mismo". Esta respuesta sería un "resto" de enojo de la anterior "comida" de injusticia. Habrá permitido que el

resentimiento de acumule, lo cual se expresa en enojadas reacciones.

3. Abordar la conducta que no le gusta: "Quedarte hasta tarde te hizo perderte la fiesta. Ahora tu hijo está decepcionado, porque quería que estuvieras aquí, y yo también. Hace que ambos sintamos que no somos importantes en tu vida. Estoy enojada, y él también.

La última opción simplemente aborda el problema que condujo al sentimiento de enojo. Las otras dos respuestas implican crítica. El objetivo de la crítica es decepcionar a la otra persona, no tratar el problema. Por ejemplo: "Tu manera de archivar nuestras facturas es ridícula; solamente un imbécil archiva del modo en que tú lo haces. Me casé con un imbécil". Este tipo de crítica erosiona la relación porque desgarra el ser de la persona. Con el tiempo, la crítica mata una relación, en especial cuando "es servida" con más frecuencia que los comentarios positivos.

Desgarrar el núcleo de una persona es algo impío. Usted ha de ser un alentador, orar por su pareja y apoyarla, y pronunciar palabras amables. Cuando critica a su cónyuge por ser como es, desgarra su sentimiento de ser él o ella misma.

No estoy diciendo que debería dejar de confrontar los problemas; lo que sí estoy diciendo es que hay una manera buena de confrontar y otra manera no tan buena. Confrontar la conducta sobre el problema es apropiado. La crítica constructiva es útil y nos afila (ver Proverbios 27:17). Criticar severamente a la otra persona, burlarse de ella, o hacerla de menos es incorrecto, y se nos advierte de ello en Mateo 7:1-6.

Desprecio

Cuando siente usted *desprecio* por alguien, hace de menos a esa persona. El desprecio va más allá de la desaprobación o el disgusto. Puede que usted comience no aprobando actos concretos, pero cuando permite que la desaprobación crezca y comienza a atribuirla a alguna "maldad" en la otra persona, está reforzando sentimientos de desprecio. Entonces, cualquier conducta desaprobatoria se convierte en más evidencia del porqué desdeña usted a su pareja.

En mi experiencia, las parejas que están listas para rendirse han permitido que este sentimiento de desprecio crezca y se vea reforzado en sus pensamientos. Poner fin a la relación se convierte en una opción porque no pueden soportar a la otra persona; ya no se enojan o se decepcionan; lo que sienten es desprecio por su pareja. El comentario normal es: "Sencillamente ya no la quiero". Desde luego que no; usted ha permitido que el desprecio entre en la relación, y eso mata el amor.

Sue y Ryan sentían desprecio el uno por el otro. La terapia matrimonial era virtualmente imposible, porque lo único que ellos hacían era burlarse de cualquier intento de restaurar su relación. Las tareas que yo les daba eran saboteadas por su cinismo y sus comentarios sarcásticos. Cuando traté de trabajar con la pareja, casi cada intento terminó en hostilidad; ellos no controlaban sus lenguas y eran expertos en ponerse motes, culpar y degradarse el uno al otro.

Por tanto, comencé a ver a ambos en sesiones individuales. Cada uno de ellos tenía atrincherados pensamientos negativos acerca del otro; hasta que los dos estuvieran listos para abordar el desprecio que sentían, pocas cosas cambiarían.

Probablemente uno de los mejores ejemplos de desprecio entre cónyuges se mostraba en la película del año 1989 *La Guerra de los Rose*. La historia trata de la destrucción de la relación de una pareja tras dieciocho años de matrimonio. El creciente odio del uno por el otro progresaba hasta alcanzar proporciones destructivas. Ver a los personajes interpretados por Kathleen Turner y Michael Douglas es una dolorosa experiencia que muchas parejas experimentan. A mí no me resultó divertida esa oscura comedia, porque era un recordatorio en la gran pantalla del odio que puede forjarse en las relaciones.

Cuando leo los relatos del Evangelio en los cuales los fariseos trataban de poner tropiezo a Jesús, comprendo que el desprecio debió de haber tenido profundas raíces en sus corazones. Ellos estaban siempre muy enojados con Él: Él sanaba en el día de reposo, decía que era Dios, veía las intenciones de sus actos religiosos, quebrantaba las reglas al hablar con los pobres, las mujeres y los enfermos, y tocaba a personas muertas cuando no debía hacerlo. Con el tiempo, esos molestos actos se convirtieron en desprecio hacia Jesús. ¿Cómo si no los fariseos tramarían matarlo?

Usted puede ser como los fariseos en su matrimonio. Se molesta cuando su cónyuge no hace las cosas "del modo correcto"; encuentra faltas; y, con el tiempo, usted permite que las faltas pasen de la crítica al desprecio. Finalmente no puede usted soportar a la persona con quien se casó, y quiere abandonar ese matrimonio.

El desprecio no tiene lugar en el corazón de un cristiano. El mandato de amarnos los unos a los otros (el mayor mandamiento) excluye un lugar para el desprecio en su vida. No puede usted permitir que el enojo y la amargura crezcan, pues el desprecio es el fruto de esas semillas. Si se encuentra usted sintiendo desprecio por su pareja, hay una raíz espiritual que hay que tratar rápidamente en amor, perdón, liberación de juicio y gracia.

Defensividad

La *defensividad* es una respuesta de autopreservación a los problemas en las relaciones. Bloquea la intimidad y no es útil; estar a la defensiva normalmente está motivado por temor e inseguridad cuando usted se siente atacado. Si su cónyuge es muy crítico o ataca, es fácil ponerse a la defensiva; pero si permanece usted en esa actitud de defensividad, su relación sufre.

Cuando usted está a la defensiva no escucha el problema, no procesa la información de modo preciso, y no resuelve nada. No puede usted resolver nada porque está demasiado ocupado manteniendo en alto la guardia. Estar a la defensiva crea un muro, y ese muro obstaculiza la intimidad, y finalmente la pareja se aleja emocionalmente. Y recuerde que la distancia emocional es un importante indicador de divorcio.

Las personas que se defienden normalmente no están abiertas al cambio porque están demasiado ocupadas protegiéndose a sí mismas. Jeff y Julie se negaron a bajar la guardia para pensar en ideas de reconciliación; no estaban dispuestos a correr el riesgo. En palabras de Jeff: "No quiero intentarlo más con Julie. ¿Y si ella vuelve a herirme? No me voy a situar en esa posición".

Demasiadas parejas se mantienen en una postura de defensividad, por temor a ser heridos de nuevo. A veces la raíz de eso es el orgullo; otras veces está relacionado con la vulnerabilidad. "No voy a bajar la guardia porque puede que vuelvan a golpearme." Sí, es cierto, podría ser; pero la alternativa es mantenerse a la defensiva y distante, lo cual finalmente conduce al alejamiento emocional. La solución es encontrar a alguien que pueda ayudar a crear una atmósfera segura en la cual pueda usted hablar de sus problemas. Debe usted bajar la guardia para poder confrontar los problemas.

Sin embargo, eso debe hacerse de manera segura y sana. Es difícil ser vulnerable y abierto cuando uno ha sido herido, y es ahí donde un experimentado terapeuta matrimonial puede ayudar. Puede que haya reglas concernientes al modo en que se hablan el uno al otro, y otra persona tenga que mediar en sus relaciones. Si quiere usted detener la negatividad, puede hacerlo. No hay excusa para no intentarlo a menos que tenga un corazón no dispuesto.

Táctica de cerrojo

Negarse a colaborar es otra respuesta emocional a la crítica y el desprecio; es también una postura de defensividad. Se produce cuando un cónyuge que critica amargamente y tiene sentimientos de desprecio se cierra emocionalmente y se niega a responder. Él o ella se desconectan. Jeff se negaba a colaborar con Julie; él ya no quería ser parte de su vida y no quería oír lo que ella tenía que decir. Se desconectó emocionalmente de su esposa. Normalmente esta respuesta llega después de que la crítica, el desprecio y la defensividad han estado presentes durante algún tiempo.

Típicamente, los hombres se niegan a colaborar más que las mujeres, y esto tiene que ver con el modo en que los hombres responden físicamente a las peleas y las desilusiones. Es cierto que hay una diferencia de género fisiológica a la hora de tratar los conflictos.

Cuando los hombres y las mujeres se pelean, los hombres se molestan más físicamente y permanecen así por más tiempo. Físicamente, los hombres sienten las peleas fatal, y por eso tienden a evitarlas; y permanecen molestos por más tiempo después de que la pelea termine.[3]

Normalmente, a las mujeres no les gusta negarse a colaborar, y se sienten muy molestas con esta respuesta. Ellas reaccionan emocionalmente a la retirada y con frecuencia se las llama histéricas, que reaccionan en exceso o demasiado emocionales. Los hombres entran en su estado de no sentir nada, e intentan escapar debido a las desagradables reacciones físicas que la confrontación produce a sus cuerpos.

El estudio de Gottman demuestra que durante una pelea, los hombres se molestan más físicamente: tienen mayor presión arterial y ritmo cardíaco. Tienen lo que los investigadores han denominado una *mayor excitación*. Una manera de reducir la excitación es calmarse, retirarse, callarse o, con el tiempo, negarse a colaborar.

Las mujeres no tienen ese mismo nivel de excitación; como consecuencia, ellas pelearán, y con frecuencia son quienes persiguen en las dificultades relacionales. La queja de muchas esposas es que están cansadas de golpearse la cabeza contra un muro de piedra. Pero las mujeres también sufren físicamente a causa de un matrimonio infeliz.

En los matrimonios felices, los hombres son expresivos. Contrariamente a la creencia popular, los hombres son bastante capaces de compartir sentimientos. Algunos hombres puede que eviten los conflictos, pero no se separan de la relación emocional. Quienes se niegan a colaborar sí se separan; se separan porque no quieren llegar a ser inundados de negatividad que los excita fisiológicamente. Emocionalmente, se aferran a pensamientos negativos acerca de su pareja. Negarse a colaborar es el escudo de defensa final, que los protege de la angustia emocional.

Si usted está en guerra con su pareja, tenga cuidado. No sólo matará su relación, sino también podría dañar su salud física. Un matrimonio basado en reacciones hostiles y distantes a un cónyuge puede en realidad suprimir el sistema inmunológico y hacerle más susceptible a la enfermedad física.[4]

Tomemos el caso de Dustin y Ann. Ellos no tienen nada bueno que decir el uno del otro, y lo único que sale de sus bocas es defensividad y desprecio mutuo. No importa qué tema se plantee, el resultado es siempre el mismo: guerra. Ellos están atrapados en un ciclo de intercambio negativo. Cuando se hablan el uno al otro, sus músculos están tensos, sus corazones laten con mayor rapidez, y no pueden respirar. Su incapacidad para calmarse el uno al otro los sitúa en peligro físico.

Ann tiene más probabilidad de quejarse, criticar y hacer demandas a Dustin; quiere obtener una reacción de él. Dustin tiende a racionalizar, evitar y retirarse; se excita más físicamente durante una pelea que Ann. Él quiere evitar esos desagradables sentimientos de excitación. Ann tolera la excitación emocional. Esta pareja no sólo está en peligro de divorcio, sino que también el matrimonio está teniendo un grave efecto físico en ambos, aunque reaccionen de modo diferente a los problemas. A Dustin no le gusta estar físicamente excitado por toda esa negatividad; su manera de tratarlo es alejarse, distanciarse a sí mismo emocionalmente de las constantes quejas de Ann. Ella lo persigue; cuanto más lo hace, más se aleja Dustin. Con el tiempo, eso conlleva un precio físico para él.

Ann está físicamente enferma por los problemas matrimoniales. Durante años, ella ha golpeado su cabeza contra el muro de Dustin; trata de obtener una respuesta de Dustin a pesar de su obvio distanciamiento de ella. Ella está en riesgo. Los estudios realmente demuestran que contando el número de expresiones faciales de desprecio de Dustin hacia Ann, ¡ella podría calcular el número de enfermedades infecciosas que podría contraer a lo largo de los siguientes cuatro años![5]

Dustin y Ann son incapaces de calmarse el uno al otro debido al círculo de desprecio, distancia y búsqueda. Su relación está caracterizada por los intercambios hostiles y negativos, sin evidencia de ser capaces de reparar el daño que se infligen el uno al otro. Increíblemente infelices, y físicamente en riesgo, ¿deberíamos tirar la toalla con Ann y Dustin?

Dustin y Ann necesitan dejar de infligirse dolor el uno al otro. Cada uno de ellos sufre efectos secundarios físicos por su infeliz matrimonio. No se escuchan el uno al otro ni tampoco a un terapeuta porque están muy excitados físicamente. Sus emociones los sobrepasan; están angustiados y tienen necesidad de ayuda.

Necesitan dominio propio. Dustin y Ann están tan ocupados aferrándose a las heridas o planeando la siguiente táctica evasiva que no piensan en lo "adecuado" de sus respuestas. ¿Están evidenciando el fruto del Espíritu mediante la queja, la crítica y la demanda? ¿Es el alejamiento emocional la manera de Dios de tratar a un cónyuge?

La Palabra de Dios enseña dominio propio, incluyendo la lengua. Cuando usted recurre a la crítica y la demanda, no está mostrando el amor de Cristo a su pareja. Cuando evita el conflicto o el intercambio emocional, no está usted resolviendo los problemas.

Por tanto, ¿cómo comienza a cambiar la marea en lo que parece una segura situación de divorcio? Gottman desarrolló una técnica para ayudar a las parejas a cambiar las relaciones muy negativas. Él aconseja que a ambas partes se les enseñen capacidades de tranquilizarse para ayudarles a calmarse. Calmarse disminuye la excitación física, y hace más posible escuchar al otro y ser menos tóxico.

Él sugiere que cuando usted tenga un intercambio difícil, monitoree su ritmo cardíaco. Si su ritmo cardíaco aumenta en diez latidos por minuto por encima de su ritmo regular, detenga ese intercambio. Tome un descanso (al menos de veinte minutos) y haga algo tranquilo. Durante ese periodo *no* piense en las faltas de su pareja; por el contrario, cálmese (dé un paseo, escuche música, cuente hasta diez, ore).[6]

Mejor aún, tome el consejo bíblico y piense en pensamientos que sean puros, buenos o positivos sobre su pareja (Filipenses 4:8). Puede que no le vengan a la mente de inmediato, pero oblíguese a recordar un momento positivo. Su cuerpo se calmará, y entonces podrá usted oír y tratar mejor a su cónyuge. Cuando está sobrecargado por la emoción, no puede pensar con claridad, y ninguna cantidad de terapia ayuda.

Después, concédale a su cónyuge el beneficio de la duda. Pruebe lo siguiente: "Él dice esto sólo porque está furioso. Me quiere, y realmente no quiere hacerme daño". A medida que se calme, escuche y valide lo que su cónyuge esté diciendo.

Cuando llegue a conseguir calmarse, pruebe a añadir palabras de afecto hacia su cónyuge; por ejemplo: "Cariño, vamos a encontrar una manera de solucionar esto porque nos queremos". O: "Te quiero, y no quiero pelear de esta manera".

Espiritualmente, usted está practicando el dominio propio; escoge pensar en cosas buenas, calmar su cuerpo, y escuchar a su cónyuge. No sólo tendrá menos problemas de salud, sino que también estará actuando según las instrucciones que Dios ha dado. Jesús está menos interesado en cuánta razón tiene usted y más interesado en el modo en que usted trata a su cónyuge.

Entender la pasión

Las parejas también se quejan de la pérdida de interés sexual. Normalmente es la esposa quien dice tener menos deseo sexual, o ninguno, aunque los hombres también se quejan de lo mismo. Tanto el esposo como la esposa pueden sentir que la pasión se ha esfumado. Frustrados y hasta avergonzados, se preguntan cómo su pasión disminuyó hasta quedar disminuida casi hasta la nada. La suposición inmediata es que algo terrible anda mal en la relación; ¡debe de haber un problema emocional profundamente escondido que solamente Freud podría entender!

En muchos casos, los problemas de relaciones son la clave para desatar la pasión perdida y renovar el interés sexual. Cuando usted es constantemente criticado o menospreciado, es difícil sentir pasión hacia esa persona. Si se ha establecido el desprecio, lo último que habrá en su mente será un encuentro sexual con significado. Pero para algunas parejas, entender la biología del deseo ayuda. Es posible estar profundamente enamorado de su cónyuge y tener poco deseo sexual; no confunda su falta de deseo sexual con pérdida del amor. La razón es la siguiente.

Las diferencias en deseo son normales. Las relaciones normalmente comienzan con una intensa pasión; inicialmente, usted pasa por alto el hecho de que él no pueda realizar un movimiento sin consultar antes con su mamá, o que ella esté realmente obsesionada por comprar. Después de todo, está enamorado. La pasión o encaprichamiento inicial arde con intensidad debido a la neuroquímica que hay detrás. Según los expertos, el encaprichamiento dura de dieciocho a treinta y seis meses para la mayoría de las parejas. Se cree que su biología oculta es la causa.[7]

Aunque la teoría está basada en estudios con animales, el psiquiatra Michael Liebowithz en el Instituto psiquiátrico del Estado de Nueva York cree que la atracción bioquímica funciona del siguiente modo: usted conoce a alguien hacia quien se siente atraído. Esa atracción hace que su cerebro se sature de ciertos neurotransmisores que estimulan el deseo. Eso se denomina amor romántico.[8]

Lo que las parejas con frecuencia no entienden es que el ardiente fuego de la pasión finalmente se aplaca. Ese enfriamiento, si no se entiende, puede dejarle sintiéndose desilusionado y angustiado.

Las hormonas desempeñan su papel. Tomemos la testosterona, por ejemplo. Esta hormona esteroide producida por ambos sexos está relacionada fuertemente con el deseo. Después de que el encaprichamiento inicial se aplaca, una mujer baja en testosterona puede sentirse sexualmente desinteresada.

Los hombres, por otro lado, tienen un nivel de testosterona diez veces más alto que las mujeres (las mujeres tienen menores cantidades pero son más sensibles a la hormona). Sus niveles T (testosterona) disminuyen gradualmente con la edad, pero están genéticamente determinados por la sensibilidad de los receptores andrógenos en los genitales. Típicamente, los hombres tienen mayor deseo que las mujeres. Desde luego, hay excepciones de esta regla.[9]

Como mencionamos anteriormente, durante el periodo de enamoramiento la liberación de neurotransmisores en el cerebro tiene un tiempo limitado. Esto significa que el "cóctel de amor" químico finalmente se termina. Para algunas personas, su deseo sexual normal queda enmascarado al comienzo de una relación debido al enamoramiento inicial. Después, los niveles de testosterona juegan un importante papel en el deseo continuado. Si es usted una persona con T alta y está casada con una persona con T baja, puede que tenga problemas. ¿Por qué? Porque una T alta desea el sexo más a menudo que una T baja. Las personas con T baja comienzan a cuestionarse su amor por su cónyuge; también se culpan a sí mismas de la falta de deseo.

Así, a veces la falta de deseo sexual puede estar relacionada con las hormonas. En lugar de suponer que su relación tiene profundos problemas, piense en el papel que puede desempeñar la bioquímica. No todo el deseo bajo es un resultado de problemas en la relación o de profundos problemas intrapsíquicos. A pesar de cuál sea la causa, la mayoría de nosotros tenemos que trabajar para sostener la intimidad sexual en el matrimonio. Pero recordemos esto: la pasión está limitada en el tiempo; el deseo sexual puede estar relacionado con factores bioquímicos; y sostener el interés sexual incluye factores físicos al igual que factores relacionales.

El punto de esta breve discusión sobre el papel que desempeña la bioquímica es sencillamente el siguiente: no suponga siempre que la falta de pasión está estrictamente basada en la relación. En la mayoría de los casos, los factores relacionales desempeñan un importante papel. Pero en algunos casos, las hormonas pueden estar implicadas. Recuerde considerar su fisiología antes de determinar que la pasión perdida está relacionada con el amor perdido.

Librarse de la negatividad

Recapitulemos. Usted necesita que la regla de cinco a uno opere en su relación, lo cual significa que debe librarse de la crítica, el desprecio, la defensividad y el negarse a colaborar. Por tanto, ¿cómo hace eso sin pasarse toda la vida en terapia?

1. Recuerde su historia.

Lo más probable es que usted y su cónyuge comenzaran siendo amigos. Trate de recordar eso cuando las cosas se pongan tensas. ¿Cómo trataría a su mejor amigo si comenzaran a tener problemas relacionales? Es de esperar que no siendo crítico y defensivo. ¿Qué les atrajo el uno hacia el otro? ¿Qué hizo que se enamorasen? ¿Cómo se comportaban los dos cuando la relación era fuerte? Recuerde. Traiga a su memoria los momentos estupendos de la relación.

2. Hable de momentos positivos en su relación.

Identifique a propósito las buenas cualidades de su pareja y hable de ellas en voz alta. Luego edifique sobre esos momentos con una conducta y una conversación amable y considerada. No espere a que su cónyuge sea el primero en hacer eso, y no mida su reacción basándose en lo que él o ella hagan. Usted decide alinear su lengua y sus pensamientos de acuerdo a la Palabra de Dios. A medida que alaba diariamente a Dios, alabe también a su pareja. Mantenga sus pensamientos enfocados en lo que Dios puede hacer. En un acto de fe, crea que Dios dará la vuelta a su relación. Comience el proceso con palabras positivas; guarde su lengua y su mente. Usted tiene más poder del que cree para cambiar sus propias percepciones sobre su cónyuge.

3. Construya una conducta cariñosa en la relación.

Hay un viejo ejercicio que los terapeutas dan a las parejas casadas llamado "días de cariño". En este ejercicio desarrollado por Richard Stuart, cada cónyuge escribe una lista de cosas que le harían sentirse bien. Las cosas son muy concretas, como: "bésame cuando regreses del trabajo"; "dime que me quieres cada día"; "ayúdame a bañar a los niños". Ambos intercambian sus listas, y se le pide al otro cónyuge que haga tantas cosas de la lista como pueda. El propósito de este ejercicio es ayudar a las parejas a definir y restaurar momentos de cariño en la relación.

4. Ame a su cónyuge como a usted mismo.

Esta es una pauta para todas las relaciones: ame a su cónyuge como a usted mismo. Si no se ama a usted mismo, trabaje primero en eso. Descubra lo que Dios tiene que decir acerca de usted y lo que le obstaculiza para que tenga una perspectiva positiva del yo. Aprenda a verse como Dios lo ve: maravillosamente hecho, bendecido, redimido y amado. Por ejemplo:

- Dios lo ama tal como usted es (Juan 3:16)
- Usted es una nueva criatura (2 Corintios 5:17)
- Usted es hijo de Dios (Juan 1:12)
- Usted es el templo de Dios, y su Espíritu mora en usted (1 Corintios 3:16)
- Usted está constantemente en la mente de Dios (Salmo 139:2)
- Usted es libre (Juan 8:36)
- Usted tiene la mente de Dios (1 Corintios 2:16)

Repase todas las descripciones bíblicas que se dan sobre su identidad. Hay muchas en la Biblia. Algunos puede que necesiten consejería para ayudarlos en este proceso. Después ame a su cónyuge con el amor de Dios. Él le ama incondicionalmente; haga usted lo mismo por su cónyuge.

5. Entienda el principio de la siembra y la cosecha.

Usted cosechará lo que siembre (Gálatas 6:7). Mientras la tierra permanezca, habrá tiempo de siembra y tiempo de cosecha. Este es otro principio fundamental. Si siembra usted palabras de daño, insulto y heridas, finalmente las cosechará también. ¿Significa eso que su matrimonio se romperá? Quizá no, pero sentirá la repercusión de esa conducta en algún momento de su vida, porque los principios de Dios funcionan siempre.

Lo mejor es sembrar buenas semillas de bondad, amabilidad, amor, paciencia, fidelidad, gozo, paz, dominio propio: todo el fruto del Espíritu. Obtendrá una cosecha de buena relación de esas semillas.

Si no trata usted los conflictos, después de un periodo de tiempo puede que se acumulen malos sentimientos, y entren los cuatro malos en la relación: crítica, desprecio, defensividad y negarse a colaborar. El plan de Dios no es tener un espíritu crítico, ni sentir desprecio hacia nadie, sino resolver sus diferencias. Cuando usted es desobediente a Dios, abre la puerta a los problemas.

¿Cómo siembra usted con sabiduría? Planta buena semilla (la Palabra) en su corazón, y del corazón crece el amor. El amor, según 1 Corintios 13, es paciente, lento para la ira, amable, bondadoso, generoso, veraz, honesto, esperanzado, alentador, y soporta hasta el final. No es rudo o provocador. El amor de Dios *hacia* usted y *por medio de* usted se comporta como acabamos de describir.

6. Entienda el poder de la lengua.

La Biblia es clara con respecto al poder de la lengua. Lea Santiago 3, y aprenderá cómo la lengua guía todo su cuerpo. Según Santiago, la lengua revela lo que hay en el corazón, y puede causar un gran daño. Se le enseña a que la controle, lo cual incluye no dejarla correr a rienda suelta contra su cónyuge. Las palabras, como usted sabe, pueden crear profundas heridas. No puede usted alabar a Dios y luego atacar verbalmente a su pareja.

Está claro que la confesión de su boca tiene poder. Proverbios 25:15 dice: "La lengua blanda quebranta los huesos", queriendo decir que una reprimenda hecha en amor es valiosa. Santiago 1:26 dice que usted se cree religioso, pero no controla su lengua, engaña a su propio corazón. Controle su lengua, y su matrimonio mejorará. Una vez más, el dominio propio resulta del amor: el primer fruto del Espíritu.

Por tanto, ¿cómo obtiene el control de su lengua? Diga lo que Dios dice acerca de usted y su pareja. Puede que eso requiera fe, pero cuando su pareja haga algo que lo hiera, no arremeta contra ella con la lengua. Hable la verdad en amor, corrija en amor si es necesario, pero no derrumbe a la persona con sus palabras. No puede hacer usted eso en amor.

La batalla para hacer regresar a un matrimonio del distanciamiento emocional es feroz, porque requiere sumisión a varios principios espirituales. Quizá no quiera usted someterse a lo que Dios dice acerca de la lengua, la conducta y el amor. Es un duro trabajo conformarse a la imagen de Cristo, y usted siente que su carne lo empuja a comportarse de otras maneras. Pero si quiere que su matrimonio no solamente sobreviva sino que también prospere, necesita controlar su lengua y no permitir que esos asesinos de la relación se infiltren en su matrimonio. A medida que aprenda a controlar la lengua y concentrarse en la alabanza, sus sentimientos hacia su cónyuge cambiarán. Como dice el adagio: "Agárrelos siendo buenos". En este caso, aplique eso a su cónyuge.

No permita que la crítica se cuele en la relación; a la primera señal de ella, obtenga ayuda. Si siente desprecio hacia alguien, algo anda mal. Puede que necesite usted mostrar misericordia, perdonar y soltar la injusticia; pero no se mantenga con desprecio. No puede usted sentir desprecio hacia su cónyuge y agradar a Dios. ¡Eso es imposible!

Estrategias para un matrimonio sano

- Ponga a trabajar la regla del cinco a uno en su relación (cinco puntos positivos por cada uno negativo).
- Pierda la crítica, el desprecio, la defensividad y el negarse a colaborar, y sustitúyalos por amor piadoso hacia otros y hacia usted mismo.
- Apóyense el uno al otro durante los momentos de estrés; no se distancien.
- Mantenga una amistad con su cónyuge.
- Repase su historia positiva juntos, y refuerce esos recuerdos.
- Ame a su cónyuge como a usted mismo (puede que primero tenga que aprender a amarse a usted mismo).
- Recuerde el principio de la siembra y la cosecha.
- Conozca la causa de la falta de deseo. ¿Está basada en la relación o impulsada hormonalmente?
- Tome control de su lengua y de sus pensamientos.
- Construya una conducta cariñosa en su relación diaria.
- Comience a tener un tiempo de oración como pareja.

CAPÍTULO 8

Relaciones de género

MITO 6 — Un matrimonio más tradicional nos salvará.

Olvide la película *La Guerra de las Galaxias*; *La Guerra de los Géneros* se está mostrando en la casa de una pareja cerca de usted:

Él es demasiado dominante.
Ella debería someterse.

Él quiere tener la cena servida en la mesa cuando entra por la puerta.
Ella no debería trabajar fuera de casa.

Él debería ayudar con los niños.
Ella ha estado en casa todo el día. ¿Qué ha estado haciendo?

Él me trata como a una niña.
Ella me trata como si yo fuera su papá.

Él controla el dinero.
Ella puede tener dinero siempre que lo pida.

Seamos sinceros. Como todos los demás, usted y su cónyuge tienen largas listas del modo en que cada uno piensa que el otro debería comportarse. Sus listas están influenciadas por su modo de pensar acerca del papel de cada género. Las ideas sobre los géneros provienen de la cultura, de sus familias, y de sus experiencias personales con hombres y mujeres. Lo que normalmente falta en esta fórmula es una perspectiva bíblicamente informada.

El género es un punto controvertido para la mayoría de las parejas. Las peleas pueden remontarse a suposiciones básicas que cada parte tiene acerca del modo en que hombres y mujeres han de relacionarse. Sin embargo, esas suposiciones rara vez se discuten antes del matrimonio, así que se manifiestan de varias maneras. Por ejemplo, ¿deberían los esposos ayudar en la cocina? ¿Deberían las esposas dirigir la economía familiar? Las respuestas a preguntas como esas dependen de sus perspectivas personales acerca del género.

Los problemas surgen cuando usted y su cónyuge tienen ideas diferentes sobre cómo deberían comportarse hombres y mujeres. Las peleas pueden conducir incluso al divorcio cuando las parejas no saben cómo balancear el poder y tratarse el uno al otro con respeto mutuo. Si quiere usted que su matrimonio funcione, hable de los asuntos de género en su relación; haga del género un tema de conversación. Luego compruebe si existe ira oculta debido a desacuerdos en cuanto a género.

Los asuntos de género implican el uso y el abuso de poder. La verdad que da qué pensar (descubierta por la investigación) es que el matrimonio no es siempre bueno para las mujeres. Las mujeres casadas tienen mayores incidencias de problemas de salud emocional y físico, comparadas con las mujeres no casadas. Lo opuesto es cierto para los hombres. Los hombres casados viven más tiempo, sufren menos depresión, y tienen mejor salud que los hombres no casados.[1] Y para algunas mujeres, el matrimonio es un infierno privado de abuso.

¿Un problema con la sumisión?

Jerry: Dra. Mintle, usted es una mujer cristiana. Enseñe a mi esposa cómo ser una esposa adecuadamente sumisa. No nos pelearíamos si ella me dejara guiar. Alguien ha llenado su cabeza de feminismo, y no puedo tratar con ella, pues lo único que hace últimamente es discutir. No me escucha, ni hace lo que yo le digo. No es que yo no sea bueno con ella. Le doy dinero cuando ella lo necesita; le digo que es una buena ama de casa. No lo comprendo.

Shauna: Él *no* lo comprende. Está viviendo en los años cincuenta y sigue hablando de tener una familia "tradicional". Quiere que yo haga todo en la casa y que nunca cuestione sus decisiones. Yo viví sola por cinco años antes de casarnos y me fue bien, gracias. Él me trata como si yo no tuviera cerebro en mi cabeza, y sigue citando las Escrituras acerca de que las mujeres deben someterse a sus esposos. Las personas en la iglesia me dicen que haga lo que él dice y que no lo cuestione; que esa es mi obligación piadosa. De alguna manera, no siento que eso sea muy piadoso. ¿Me daría Dios un cerebro y luego esperaría que no lo utilizase? ¿Y desde cuándo no se me permite cuestionar las decisiones de mi esposo? Hemos de ser un equipo, no una dictadura.

Me gusta trabajar, y aborrezco las tareas de la casa. No quiero quedarme en casa todo el día. Yo tenía un empleo cuando conocí a Jerry, y eso no parecía molestarle cuando éramos novios. Ahora, de repente, él quiere que deje mi empleo y me quede en casa. ¿Para hacer qué? Él cree que nuestro matrimonio mejorará; yo no lo creo. ¡Me deprimiré!

Jerry y Shauna están en un punto muerto con respecto a los papeles y expectativas de los géneros. La perspectiva de Jerry del papel de la mujer no encaja con la de Shauna. Ambos admiten que nunca hablaron sobre esos asuntos antes de casarse; ahora, sus diferentes puntos de vista están causando problemas.

Jerry quiere que su esposa se comporte como la señora Brady de la serie de televisión *The Brady Bunch*. Jerry tuvo un padre dominante que controlaba a su madre; su madre nunca tuvo permiso para dar una opinión o tomar una decisión. El único modelo de esposo de Jerry fue su papá. Los esposos toman decisiones, y las esposas están de acuerdo con ellos. ¿Cuál era el problema de Shauna? Jerry admitió que nunca estudiaba la Biblia, pero que conocía el pasaje que dice: "Esposas, sométanse a sus esposos". Él lo cita siempre que Shauna está en desacuerdo con él.

Shauna fue criada por una mamá sola, cuyo esposo abandonó la familia cuando Shauna era bebé. Ella, como muchos estadounidenses, no provenía de una familia "tradicional". Su mamá trabajaba para sostener a los niños. Shauna es como su mamá: decidida, inteligente e intuitiva, cualidades todas ellas que eran atractivas para Jerry.

Shauna se ha estado adhiriendo a Jerry porque él insiste en que ese es el camino de Dios. Ella tampoco ha leído mucho la Biblia. No está segura de lo que significa ser una esposa cristiana; sencillamente sabe que quedarse en casa no resolverá sus problemas matrimoniales, y el resentimiento se dispararía. Las personas en la iglesia parecen estar del lado de Jerry, y ella se siente culpable, como si estuviera haciendo algo incorrecto.

La pareja pidió ayuda en su iglesia. Una pareja de más edad les dijo que los hombres dirigen y las mujeres siguen. Shauna debería someterse a Jerry a pesar de todo. Si Jerry quiere que ella deje su empleo, debe de tener una buena razón para ello.

Shauna siente que se ha sometido por encima de lo razonable y que Jerry utiliza el argumento de la sumisión siempre que no se sale con la suya. Ella quiere participar en las decisiones y ser tratada con respeto; no quiere dejar su empleo, pues ha sido ascendida dos veces en seis meses. Últimamente, Jerry ha estado haciendo preguntas sobre los hombres con quienes ella trabaja.

Los problemas matrimoniales de Jerry no se deben a si Shauna trabaja o no. El problema mayor es el modo en que Jerry trata de controlar a su esposa y dominar la relación. Las relaciones implican poder, y el modo en que se maneje y se comparta ese poder es crucial. Jerry está preocupado de que Shauna llegue a conocer a alguien en el trabajo y le abandone a él. Varios de sus compañeros de trabajo han tenido aventuras amorosas, y él teme que Shauna tenga una aventura porque está rodeada de hombres en el trabajo. Él no confía en que ella se controle a sí misma, aunque ella nunca le ha dado ninguna causa de preocupación. En realidad, Jerry batalla con sus propios impulsos sexuales y proyecta sus inseguridades sobre Shauna.

La pareja que los aconsejó en la iglesia necesita tener un mejor entendimiento de la sumisión. Decirle a una mujer que se someta ciegamente a las demandas de su esposo es necedad. Eso no es de lo que se trata la sumisión piadosa.

Además, lo que los cristianos citan a menudo como la normativa o la familia tradicional es un subproducto cultural más reciente de la urbanización, la industrialización, y las tendencias individuales a lo largo de los dos últimos siglos. Sí, la familia nuclear estaba ahí mucho antes de la América industrial, pero era diferente en su forma: el hogar era un lugar donde se vivía y se trabajaba juntos, en el cual todos los miembros de la familia compartían responsabilidad. Las personas se casaban por razones prácticas, no románticas. Y los hogares tradicionales no estaban libres de abuso y de incesto.

La familia nuclear con el padre como quien ganaba el pan y la madre como la ama de casa, madre y educadora de los hijos es un producto del siglo XX y de la clase media urbana. En la explosión de vida suburbana después de la Segunda Guerra Mundial (veamos a la generación ahora famosa de los "baby boom"), los estadounidenses se movieron hacia el estilo de vida "Beaver Cleaver".

Ahora los cristianos tienden a sentimentalizar la familia tradicional como el ideal para todas las familias. Cuando surgen los problemas matrimoniales, la suposición es que cuanto más tradicional se vuelva la familia, más fuerte será el matrimonio. En ningún lugar de la Biblia Dios eleva a los hogares estadounidenses de clase media de los años cincuenta como el estándar de familia exitosa.

Ahora bien, antes de que usted se levante en armas y me descarte considerándome una loca feminista que arremete contra los hombres y la iglesia, siga leyendo. No voy a proponer nada que no sea bíblico; de hecho, voy a bosquejar lo que yo creo que la Biblia dice sobre las relaciones entre géneros. Si tiene usted una relación matrimonial tradicional y las cosas van bien, ¡estupendo! ¿Quién soy yo para decirle que deje de hacer lo que le está funcionando? Si los dos son felices con esa organización, sigan adelante. Pero para aquellos que son infelices y siguen peleando guerras de género, necesitan conocer las reglas bíblicas.

En su esfuerzo por ayudar a Jerry y Shauna, la pareja que los aconsejó en la iglesia cimentó involuntariamente los puntos muertos incorrectamente supuestos y aisló más a Shauna. Ella, como muchas mujeres cristianas, vive entre una roca y un lugar difícil: queriendo hacer lo correcto bíblicamente pero sintiéndose culpable porque no entiende qué es eso y cómo ha de funcionar. Intuitivamente ella sabe que Dios no la creó con dones y talentos que ella nunca debería usar. Dios, que ama a hombres y mujeres por igual, no es posible que espere que ella sea un robot sin cerebro bajo el control de Jerry.

La sumisión bíblica no se trata de matar el cerebro bajo el poder y el control de un esposo; o de una esposa. Jerry necesita la aportación de Shauna; eso liberaría mucha de la presión que hay sobre él causada por tener que tomar todas las decisiones él solo. Esta pareja necesita un mejor entendimiento de cuál es el plan de Dios para su igualdad.

VERDAD 6 La intención de Dios es la igualdad entre géneros.

El cambio social ha conducido a la confusión. La sociedad dice una cosa; la iglesia dice otra. Dentro de la iglesia, las perspectivas varían, desde las conservadoras hasta las liberales. ¿Cómo han de relacionarse hombres y mujeres en el matrimonio? ¿Es regresar al modo en que eran las cosas hace cincuenta años la solución para los matrimonios con problemas? No lo creo.

Un principio básico del feminismo es que hombres y mujeres están igualmente cualificados y tienen los mismos derechos a participar plenamente en la experiencia humana. Las feministas tienen razón en esto. Inconscientemente, entienden lo que Dios quiso originalmente para los sexos; sencillamente no reconocen que el modo de lograr ese objetivo es mediante el poder de Jesucristo. La reconciliación de géneros requiere un entendimiento del plan de Dios y una vida transformada.

Vivimos después de la Caída, no antes

La razón de que necesitemos transformación es que vivimos después de la Caída. Retrocedamos. Debido a que fuimos creados a imagen de Dios, ambos sexos tienen igual valor; uno no es mejor que el otro. En el matrimonio, somos compañeros de pacto creados a imagen de Dios.

Antes de la Caída no hay mención alguna en la Biblia de que el hombre gobernara sobre la mujer; los dos compartían el dominio sobre la tierra y tenían acceso inmediato a Dios.

Con frecuencia, se argumenta que debido a que la mujer fue creada como una ayudadora, fue diseñada para estar subordinada al hombre; pero los eruditos bíblicos nos dicen que la palabra hebrea para ayudadora, *ezer,* no significa segunda clase o inferior, sino que significa "idónea para él" o "correspondiente a él", lo cual implica igualdad. Y después de crearlos hombre y mujer, Dios bendice a los dos.

Antes de la desobediencia de Adán y Eva, cada uno de ellos dependía de Dios para todo. Ambos caminaban y hablaban con Dios diariamente en el huerto. Su pecado los hizo pasar de la piadosa dependencia a la independencia. Su desobediencia les hizo volverse temerosos. Luego Dios maldijo a la serpiente, condenándola a una existencia de arrastrarse sobre su vientre y una lucha mortal y eterna con el hombre.

Dios no maldijo al hombre y la mujer, sino que los condenó a sufrir aflicciones. El precio de la independencia fue inmenso. El pecado cambió lo que hombre y mujer habían de ser, y una importante consecuencia fue la subordinación de las mujeres y el dominio de los hombres. La Caída en Edén interrumpió el plan perfecto de Dios para la humanidad, y llevó a efecto la destrucción de su perfecto plan para los sexos.

Ya que vivimos después de la Caída, también nosotros somos afectados por esa repercusión en los géneros. No hay duda de que el Antiguo Testamento está lleno de violación, lujuria, seducción, adulterio, pecado sexual, poligamia, incesto, dominio y subordinación. Esta misma naturaleza caída de la humanidad se muestra con demasiada frecuencia en el matrimonio.

Jesús, el modelo de restauración de los géneros

Pero Dios envió a Jesús para que el pecado no prevaleciera entre la humanidad. Jesús vino para redimirnos de la Caída mediante el perdón de pecados. Siendo igual al Padre, Él se sometió al Padre y fue obediente hasta la muerte. El hecho de que Jesús se sometiera a Dios fue importante: ese es su modelo. Sométanse primero a Dios, y luego el uno al otro.

Al escoger la sumisión, Jesús transformó las relaciones sociales. Él redimió la condición espiritual del hombre y la mujer. En Cristo no hay discriminación racial, social, económica o de género: no hay judío ni griego, esclavo ni libre, varón o hembra (Gálatas 3:28). Las diferencias de género no importan en Cristo.

¿Qué puede usted aprender de Jesús, su modelo de reconciliación y conformidad? Según Philip Yancey en el libro *The Jesús I Never Knew* (El Jesús a quien nunca conocí), Él...

- Tenía compasión de los enfermos.
- No toleraba la injusticia.
- Elevó el estatus de las mujeres.
- No apoyó la estructura masculina de superioridad y privilegio de la época.
- No encajó en el estereotipo masculino tradicional de la cultura. Él incorporó rasgos masculinos y femeninos a su persona.
- Elogió a María de Betania por escoger escucharlo a Él en lugar de servir una comida.
- Le dijo a la mujer samaritana (una advenediza) que Él era el Mesías.
- Tenía a mujeres viajando con Él y los discípulos.
- Se apareció primero a María y le dijo que fuera su testigo después de la Resurrección.
- Confrontó a los hombres que querían apedrear a la mujer adúltera por hipocresía.
- Defendió la monogamia aunque a los judíos la ley les permitía la poligamia.
- Dio los mismos derechos y privilegios a esposos y esposas.
- Estaba con hombres y mujeres de bajo estatus socioeconómico.
- Mostró un amplio abanico de emociones que hoy día se catalogan como más típicamente femeninas: gozo, mansedumbre, tristeza (Él lloró), compasión y amor.

Jesús radicalizó la estructura social de la época. Él habló de igualdad y la practicó; restauró las relaciones entre géneros; resistió la opresión de las mujeres y de los pobres, y la discriminación basada en la raza o la etnia. Si hemos de ser como Él, necesitamos hacer lo mismo.[2]

La Caída dio como resultado la tendencia pecaminosa del hombre de abusar de su autoridad y asumir poder *sobre* las mujeres. Para las mujeres, la tendencia es no respetar el papel de liderazgo del hombre, carecer de autoafirmación, y tener temor al poder. Los hombres deben guardarse contra la tendencia a dominar, criticar y no respetar a las mujeres. Las mujeres no deben tener temor de quiénes son en Cristo. Los hombres y mujeres cristianos deben contrarrestar el pecado con el evangelio de Cristo.

El modelo de Cristo en la tierra fue el de director siervo. Él se sometió a su Padre en una amorosa manera de siervo; su muerte fue la expresión final de sometimiento de su voluntad a la voluntad del Padre.

Someterse a Dios; luego, el uno al otro

Los hombres y las mujeres deben estar igualmente sometidos en amor los unos a los otros. Cuando eso sucede, los hombres no dominan y las mujeres no se resisten; por el contrario, emerge un modelo piadoso de trabajar hombro a hombro como compañeros con respeto mutuo. Primero sométanse al plan de Dios, y luego sométanse el uno al otro.

El problema que veo en la mayoría de los matrimonios es una falta de disposición a someterse al plan de Dios. Los hombres que toman el poder y abusan de él están fuera del plan de Dios. Las mujeres que no ejercen su propio sacerdocio espiritual sino que dependen de los hombres para que las guíen ciegamente no entienden las Escrituras. Lo que normalmente veo en la terapia son mujeres dependientes enojadas con hombres controladores. Ninguna de las dos cosas es piadosa.

Pierda su estereotipo sobre los géneros

Esto no significa que los hombres y las mujeres no tengan diferentes roles y funciones. Los hombres y las mujeres son diferentes. Los roles y las funciones necesitan negociarse en el matrimonio, y debería haber acuerdo sobre la distribución de poder. Este es un asunto central para la mayoría de los matrimonios.

Los desequilibrios de poder crean conflictos que con frecuencia conducen a la muerte de una relación. Sí, las feministas están a favor del poder igualitario, pero el modo en que usted adquiera, use y defina ese poder es importante. Su personalidad y el modo en que usted se relaciona con otra persona siempre deben ser conformados a Cristo, y no a algún otro estándar.

Pablo habla sobre el temperamento cristiano en Gálatas 5:22-23: "Mas el fruto del Espíritu es amor, gozo, paz, paciencia, benignidad, bondad, fe, mansedumbre, templanza": rasgos de carácter considerados primordialmente femeninos en la cultura actual.

Jesús personificó rasgos de carácter tanto masculinos como femeninos. Hoy día, sin embargo, hemos segregado esos rasgos. Ambos géneros necesitan ser liberados de los moldes de género asignados por la cultura. Las parejas deben aclarar las expectativas en cuanto a roles y no señorear con poder el uno sobre el otro. Se necesitan respeto y afirmación mutuos.

Junto con los mandatos bíblicos sobre las relaciones entre géneros, ¿qué nos ofrece la investigación matrimonial? Puede que le sorprenda saber que en realidad apoya una perspectiva bíblica de las relaciones entre géneros.

Escuchar a la reina del alma: R E S P E T O

Según el estudio de Gottman y sus colegas, los matrimonios más estables tienen un esposo y una esposa que se tratan el uno al otro con respeto y permiten que haya influencia mutua.[3] En los matrimonios sanos, los hombres no se resisten a compartir el poder, la toma de decisiones, o a aceptar la influencia de la esposa. Debido a que hay respeto mutuo, cuando surgen los problemas el compromiso es más fácil. La colaboración y el consentimiento sustituyen a la coerción y el control.

Gottman estudió a recién casados para ver cómo manejaban los conflictos, y se observó una interesante diferencia de géneros. Durante las peleas, las mujeres expresaban algunas emociones negativas, pero en general no acaloraban las peleas; tendían a ponerse a nivel de intensidad del esposo. Pero los esposos que se volvían críticos o estaban a la defensiva y que no aceptaban la influencia de sus esposas sí acaloraban el conflicto. Eso conducía a inestabilidad matrimonial.

En nuestra cultura, las mujeres aceptan con más facilidad la influencia de los hombres. Sin embargo, cuando los hombres no aceptan la influencia de las mujeres, el matrimonio está en riesgo. Los hombres que no comparten el poder con las mujeres tienen cuatro veces más probabilidades de divorciarse o de vivir en matrimonios infelices.[4]

Lo fundamental del estudio de Gottman es que el respeto y la honra mutuos mantienen sano el matrimonio. Estas dos cualidades son también marcas de una fuerte amistad. Por tanto, edifique un matrimonio que dure toda una vida; edifique una fuerte amistad basada en la honra y el respeto mutuos.

Dos destrezas para equilibrar el poder

Ya que el uso y el abuso de poder son asuntos tan críticos en las relaciones que han descarrilado, hay dos destrezas que las parejas deben desarrollar para trabajar eficazmente en los desequilibrios de poder: capacitación y empatía. Echemos un vistazo a cada una de ellas.

Capacitación

Si ha estado usted casado por cualquier cantidad de tiempo sabrá que es imposible compartir igualmente todas las tareas y responsabilidades. Cada uno de ustedes tiene diferentes destrezas y capacidades; sin embargo, uno de los objetivos del matrimonio es capacitar a su cónyuge. *Capacitación* significa establecer poder en el otro. El modo de hacerlo es reconocer las fortalezas que su cónyuge aportó al matrimonio y alentarlo a utilizar esas destrezas. Inste a su cónyuge a convertirse en todo lo que pueda llegar a ser. Donde haya un área débil en su cónyuge, trabaje para fortalecerla en lugar de debilitarla aún más. El objetivo es que dos personas se capaciten la una a la otra para llegar a su pleno potencial.

En nuestra cultura, el poder es un artículo precioso. Más poder significa más influencia. Cuando Jesús vino a la tierra, no utilizó su poder para el beneficio propio; en cambio, utilizó su poder para servir y levantar a otros, para perdonar, para capacitar y para alentar. Él es su modelo para la capacitación. En el matrimonio, usted ha de levantar a su cónyuge, alentarlo, perdonarlo, y permitir que haya salud emocional y espiritual.

El modelo de poder de Dios se trata de acceso igualitario y oportunidad igualitaria. Sus recursos son inextinguibles. Sabiendo eso, usted no necesita batallar para obtener más del poder de Dios solamente para usted mismo, pues hay abundancia para todos. Por tanto, aliente a su cónyuge a participar de ese flujo continuo.

Desgraciadamente, capacitar a otros requiere un esfuerzo consciente. Es mucho más fácil tomar control y hacer un mal uso del poder debido a las inseguridades y la falta de confianza. Todas las parejas batallan con estos problemas, y finalmente deben llegar a un acuerdo sobre la distribución de poder dentro del matrimonio.

Empatía

El anterior presidente Bill Clinton se ganó los corazones de muchas mujeres estadounidenses al comienzo de su presidencia porque él "sentía su dolor". Como mencioné anteriormente, la *empatía* se trata de ponerse usted mismo en el lugar de otra persona, entendiendo sus problemas desde el punto de vista de ellas.

Las parejas necesitan abordar los asuntos de poder sintiendo el uno el dolor del otro. Debido a que usted y su cónyuge son diferentes y provienen de diferentes experiencias, necesitan tener empatía. Puede que carezcan de ella porque no sean conscientes de las experiencias del otro, o porque intenten prematuramente resolver problemas antes de entender todos los elementos del problema, o porque tengan expectativas negativas el uno del otro.

Las mujeres generalmente creen que los hombres carecen de empatía. Algunos no la tienen, pero los hombres son tan capaces de demostrarla como las mujeres. La diferencia es que los hombres con frecuencia deben ser motivados a utilizarla.[5]

La empatía entre hombres y mujeres con frecuencia no está presente debido al modo en que hombres y mujeres piensan. Por ejemplo, las esposas quieren que los esposos escuchen; los hombres sienten que demuestran empatía dando soluciones. Tomemos a Jack y Jill. Jack trata de resolver los problemas de Jill, pensando que realmente está ayudando. Jill quiere resolver sus propios problemas y le molesta que Jack le diga lo que tiene que hacer. Los dos están molestos y se quejan de que el otro no tiene empatía por la situación.

Jack y Jill deben definir lo que esperan el uno del otro y lo que es útil. Ella dice: "Escucha, agarra mi mano y mírame a los ojos, y entonces sabré que te preocupas por mí. Deja que yo trate de resolver el problema antes de darme consejos". Jack se siente aliviado porque no siempre tiene una respuesta; pero él quiere que después de escuchar siga la acción. Puede que él tenga ideas útiles, pero sabe que se casó con una mujer competente.

Jack quiere que Jill sepa: "Porque yo no hable mucho sobre sentimientos no significa que no los tenga. Dame tiempo para pensar en lo que está sucediendo, y no me riñas por no compartir inmediatamente. Yo no soy tan rápido como tú cuando se trata de procesar cómo me siento, así que no supongas que nunca siento nada. A veces, solamente necesito tiempo para pensar en ello".

Además de definir lo que quieren, las parejas deben comprender que los hombres han sido educados como hombres y las mujeres como mujeres. A pesar de lo obvia que es esa frase, significa que usted y su cónyuge provienen de diferentes perspectivas en cuanto a los géneros. Necesitan apreciar esas diferencias y trabajar en ellas. A las parejas que comparten sus experiencias de género y se sienten escuchadas les va bien juntos.

Problemas matrimoniales críticos

Ahora seamos más concretos. ¿Cuáles son los problemas matrimoniales críticos que afectan al género? Comencemos con la siguiente lista, respondiendo cada una de las preguntas:

1. Autoestima

¿Hace bromas sobre el sexo contrario? ¿Menosprecian esas bromas a hombres o a mujeres? ¿Permite que salgan de su boca frases que rebajan el género o se ríe de las bromas que hacen otras personas? ¿Pasa por alto el acoso sexual o, peor aún, participa en él? ¿Qué mensaje envía eso a su cónyuge?

Obviamente, usted no está fomentando el respeto hacia el género. Este tipo de conducta hiere la autoestima de un cónyuge. Una mujer que albergue ira contra los hombres y provoca a su esposo no está siendo respetuosa. Los hombres que tratan a las mujeres como objetos sexuales y como menos que iguales hacen lo mismo.

2. Abuso de poder – violencia doméstica

¿Abusa usted físicamente del poder? ¿Intimida mediante amenazas de violencia?

No puedo pensar en ninguna manera que distorsione más el poder entre hombres y mujeres que la violencia doméstica. La violencia doméstica es un abuso de poder, y es pecado; no hay excusa alguna para esta conducta. Cualquiera que golpee o aterrorice a otro ser humano peca. Nada justifica esa respuesta. Ninguna cantidad de tensión matrimonial da a ninguno de los géneros derecho a golpear o a amenazar. Si hay violencia doméstica en su hogar, consiga ayuda de inmediato. Alguien está fuera de los límites y necesita corrección inmediata.

3. Sexo e intimidad

¿Utiliza usted el sexo y la intimidad como asuntos de poder?

Normalmente, las mujeres quieren cercanía emocional antes del sexo; los hombres, por otro lado, utilizan el sexo para llegar a acercarse emocionalmente. Esta diferencia puede plantear muchos problemas de poder que terminan manifestándose en otras áreas del matrimonio.

Tengan una conversación sobre su vida sexual. ¿Satisface las necesidades de cada uno de ustedes? ¿Es lo que esperan? ¿Se siente alguna de las partes obligada o presionada por el sexo? ¿Qué papel desempeña la sociedad en las expectativas que tienen el uno del otro? ¿Hay romance, interés sexual? Si no es así, ¿qué está obstaculizando esas dos cosas? ¿Cómo expresan intimidad? ¿Cómo les gustaría expresarla?

La pornografía afecta al sexo y la intimidad de manera negativa. Está basada en imágenes de mujeres subyugadas a hombres de maneras denigrantes mediante la coerción y el control. No hay lugar para tal distorsión de las relaciones entre géneros en el Cuerpo de Cristo. A pesar de lo que pueda usted haber oído, la pornografía no ayuda a los matrimonios; no mejora su vida sexual, y no debería utilizarse como una herramienta para hacerlo. ¡Líbrese de ella ahora mismo!

4. Tareas domésticas

¿Son las tareas domésticas solamente para las mujeres?

Enciendan la aspiradora; saquen el trapo de limpiar el polvo y pónganse a trabajar, hombres. Tendrán un matrimonio más feliz, menos solitario y más participativo que sus amigos que no ayudan en las tareas de la casa. Las amas de casa en todas partes aplauden este descubrimiento. Finalmente, estudios que tienen sentido. ¿Suena demasiado bueno para ser verdad?

El investigador matrimonial John Gottman estudió a hombres que hacían tareas domésticas y descubrió que no solo eran más felices en sus matrimonios, sino que también tenían menores índices de enfermedades de corazón y mejor salud en general. De hecho, esos hombres estaban menos estresados y con menos probabilidad de enfermarse en los cuatro años siguientes a su estudio inicial.[6]

Me gustaría poder decirle que las tareas domésticas tienen propiedades curativas, que hacer tareas domésticas es la clave para las relaciones fabulosas. Eso, sin duda, liberaría a muchas mujeres y alentaría a los hombres a compartir el emocionante trabajo de la limpieza, pero no son las tareas domésticas lo que cura los matrimonios con problemas. Pero por un momento finjamos que lo son. Muy bien, de regreso a la realidad.

Aunque hacer tareas domésticas se probó como un factor por separado en el estudio matrimonial, el trabajo de la casa no era realmente el asunto. En realidad, el esposo que hace tareas domésticas tiende a ser un compañero que apoya. Ya ve, los cónyuges que actúan de maneras que apoyan tienen buenos matrimonios, y también disfrutan de los beneficios físicos.

Hombres, la próxima vez que vean a sus esposas batallar para realizar todas las tareas domésticas, apaguen el partido en el televisor, saquen el limpiador del armario, dense unas palmaditas en la espalda y digan: "Estaré menos solo, menos estresado, y con menos probabilidad de enfermarme si limpio esta cómoda". Sus esposas les ofrecerán una gran sonrisa (y quizá más), y dirán: "¡Me alegro de haberme casado con este hombre!".

5. Muéstrame el dinero

¿Llega a ser el jefe quien tiene la mayor cartera?

Las parejas se pelean más por el dinero. El dinero es una fuente de poder e influencia. Normalmente, los hombres ganan más dinero que las mujeres. El poder personal en el matrimonio con frecuencia se asocia a cuánto dinero se aporta a la relación. En la mayoría de los casos, cuanto más dinero aporta un cónyuge, más quiere participar en lo que sucede con ese dinero. Normalmente, eso significa que las mujeres están en una posición de desventaja.

El abuso potencial llega cuando los hombres que ganan dinero deciden que les corresponde a ellos tomar decisiones unilaterales acerca de los gastos. En esos casos, el dinero se convierte en un palo de poder que pende amenazante sobre las cabezas de las mujeres.

Muchas mujeres brillantes y capaces escogen quedarse en la sombra con respecto a las finanzas familiares (particularmente en acciones e inversiones), y por tanto, no contribuyen en los asuntos económicos. De igual modo, algunos hombres no quieren ser inversores solitarios; quieren recibir comentarios. Puede que se preocupen de que, si les ocurriera algo trágico, su esposa no sabría qué hacer.

Las decisiones en cuanto a cómo se gasta el dinero pueden convertirse en una lucha de poder. Un comprador impulsivo o, por el contrario, alguien tacaño, puede crear tensión en un matrimonio. ¿Ahorra usted, gasta, compra ahora o paga a crédito? ¿Qué cree sobre hombres y mujeres cuando se trata de trabajar para recibir un salario?

He tenido parejas que acuden a terapia porque la esposa gana más dinero que el esposo y, de alguna manera, sentían que eso no era correcto. La lista de problemas de pareja que gira en torno al dinero es larga. La pregunta que deben hacerse el uno al otro es: ¿Qué creemos sobre los géneros y el dinero? Si las mujeres deberían quedarse en el hogar, si deberían trabajar fuera, ganar lo mismo que los hombres, supervisar a los hombres, etc. Sus creencias crearán tensión si no encajan con las de su cónyuge y no se aclaran a nivel práctico.

6. Crianza de los hijos

¿Cómo vamos a dividir las responsabilidades?

Aunque muchas parejas creen que las mamás y los papás deberían participar en la crianza de los hijos, eso no se refleja en la realidad. Nuestra sociedad sigue estando plagada de papás ausentes y pasivos, adictos al trabajo que rara vez ven a sus hijos, y mucho menos pasan tiempos con ellos, y de mamás que tratan hacer el trabajo de ambos. Cuando hay una familia intacta, las parejas se pelean por cosas triviales, como quién dará un baño al bebé, quién irá al supermercado a comprar, y en la descripción de trabajo de quién se incluye la tarea de sacar la basura.

Resumen: ¿qué papeles han de desempeñar mamás y papás cuando se trata de criar a los hijos? Todo debe ser negociado. Las parejas tienen que ser flexibles y adaptarse, o continuarán los problemas.

No puedo abordar adecuadamente todas las áreas de lucha de poder entre hombres y mujeres en este breve capítulo, pero puedo decirle que comiencen hablando de cómo influyen los géneros en su relación basándose en lo que han leído hasta ahora.

También puedo decirle que las luchas de poder no se resolverán por tratar de recurrir a alguna idea sobre los buenos y viejos tiempos en que los hombres eran hombres ¡y las mujeres no podían votar! Entienda cómo piensa su cónyuge en cuanto a los asuntos de género, y sea flexible cuando se trata de encontrar un acuerdo que sea práctico. Lo que funciona para una pareja puede que no funcione para usted; por tanto, la negociación sobre quién hace qué necesita mucho diálogo. Lo que usted *no debería* hacer es lanzar unos cuantos pasajes bíblicos aislados a su cónyuge y demandar sumisión.

Persiga lo que Dios quiso

Si estudia el plan de Dios, encontrará dos ocasiones en que él reveló su voluntad en la tierra con respecto a los géneros: en el huerto de Edén y en la vida de Cristo. Veamos esos ejemplos de cómo hombres y mujeres debieran relacionarse. Encontrará que a pesar de cómo negocie el rol de los géneros en su relación, debe incluir sumisión mutua, respeto, honra, capacitación y empatía. Si vive usted su vida practicando esas cualidades, es probable que no abuse del poder en su relación, ni mire al pasado para encontrar soluciones para el presente. Mirará usted a Dios.

Estrategias para un matrimonio sano

- Sométase primero a Dios, y luego el uno al otro.
- Defina sus expectativas en cuanto a los géneros.
- Negocie roles y tareas para que ambos cónyuges estén en acuerdo.
- Construya una fuerte amistad con su cónyuge basada en el respeto y la honra.
- Capacite a su cónyuge.
- Desarrolle empatía por su cónyuge.

- Aborde los puntos importantes de desequilibrios de poder en el matrimonio: autoestima, violencia doméstica, sexo e intimidad, tareas domésticas, dinero y crianza de los hijos.

- La voluntad de Dios para las relaciones entre géneros se revela dos veces en la tierra: en el huerto de Edén y en Cristo cuando Él caminó sobre la tierra. Examine esos ejemplos para moldear sus relaciones.

CAPÍTULO 9

Falta de poder

MITO 7 — No puedo cambiar. Así soy; o lo tomas, o lo dejas.

"**N**o puedo cambiar. Así soy; o lo tomas, o lo dejas. Otra persona me aceptará como soy." ¿Ha utilizado usted, u otra persona a la que conoce, esta excusa cuando se trata de problemas matrimoniales? Es una mala excusa, y yo nunca he entendido por qué las personas me dicen eso. ¡Soy terapeuta! Mi objetivo es ayudar a cambiar a las personas. Si el cambio no fuera posible, yo no tendría trabajo.

No olvidemos que el cambio es la marca distintiva de la conversión cristiana. Cuando usted le pidió a Cristo que entrara en su vida, fue inmediatamente transformado y hecho una nueva creación. *Nueva* es la palabra operativa aquí. *Nueva* implica un cambio de la antigua manera en que usted pensaba, se comportaba y se relacionaba con la gente. Debido a que usted y su cónyuge no son personas perfectas, el cambio es un proceso continuado; tiene que abordarse con la ayuda del Espíritu Santo. Sin embargo, hay varias maneras en que *usted* puede obstaculizar el cambio.

Por tanto, examinemos esta débil excusa que muchos utilizan para abandonar un matrimonio. *Si usted "no puede" cambiar, se debe a que no quiere cambiar.* Ha levantado barreras para el cambio; es más fácil ser orgulloso, estar amargado, temeroso o crítico; vivir en negación; o culpar a la otra persona. Es más difícil trabajar en usted mismo. Por tanto, hablemos.

Nada cambiará si no está usted dispuesto

No estar dispuesto al cambio está arraigado en la rebelión; es así de sencillo. Webster define *rebelión* como "resistencia o desafío a la autoridad". Básicamente, es hacer cosas a su manera y no a la manera de Dios. ¿Recuerda a los hijos de Israel? La rebelión era su principal problema. Cada vez que se metían en problemas (lo cual sucedía con frecuencia), se debía a que hacían las cosas a su manera. Se adelantaban al plan de Dios, diseñaban su propio plan, y básicamente pensaban que eran más inteligentes. Se quejaban, criticaban y adoraban a ídolos. A la primera señal de crisis, creían que Dios los había abandonado, y se atemorizaban. Miles de años después, las personas no son tan distintas.

Hay un viejo dicho que dice: "Se necesitan dos personas para formar un matrimonio y una para un divorcio". Cuando se produce el divorcio, con frecuencia se debe a que una persona dice: "Yo no puedo cambiar". Esa falta de disposición a hacer lo necesario para corregir las cosas se manifiesta una y otra vez en las consultas clínicas. Si yo tuviera un dólar por cada vez que las personas me dijeron que no podían cambiar, sería una mujer rica.

Un buen terapeuta matrimonial finalmente confrontará a las personas con su negación a cambiar. Esa confrontación puede producir una reacción nerviosa. Las manos se retuercen; se pierde el contacto visual; las cabezas se inclinan; las personas musitan: "Así soy; no puedo cambiar". Musitan porque saben que no deberían decir eso. Lo que en realidad quieren decir es: "No *quiero* cambiar". ¡Yo también inclinaría mi cabeza!

Cuando oigo eso, normalmente me quedo sentada en silencio. Decir que uno no puede cambiar subraya la dificultad matrimonial. Se ha elegido. El cambio no puede producirse cuando usted no quiere aceptarlo.

Actualizar su protección contra virus

Dale y Jennifer eran agradables jóvenes adultos criados en buenas familias. Después de graduarse en el instituto, ambos fueron a la misma universidad cristiana. Comenzaron a salir, se enamoraron y se casaron. Durante años parecían ser una pareja feliz, pero de puertas para adentro la tensión aumentaba en la relación.

La pareja compartía valores similares, y rara vez, si es que alguna, se peleaban por los grandes temas de la vida. Jennifer era una mujer a quien le encantaba la diversión pero que estaba llena de temor y ansiedad. Aunque tenía talento, subestimaba gravemente sus capacidades. Su inseguridad molestaba a Dale, pero él nunca sacó el tema.

Dale era extrovertido y caía bien a todos. Le encantaban las relaciones sociales y bromear con la gente. Su confianza social era fuerte, pero se sentía menos que masculino debido a su constitución delgada y su amor por las artes. Él ocultó a su esposa esa inseguridad.

Dale y Jennifer se enfocaron en construir sus carreras. La asistencia a la iglesia era poca, y dejaron de orar y de leer sus Biblias juntos. Jennifer conseguía de vez en cuando pasar algún tiempo a solas con Dios, pero Dale estaba demasiado ocupado.

A medida que pasó el tiempo, las inseguridades de Dale y Jennifer comenzaron a plagar su matrimonio. Las inseguridades se propagaban como los virus en las computadoras. Al no ocuparse de ellos, esos virus comenzaron a corromper la relación.

La protección de virus en la relación implica dos cosas que Dale y Jennifer ignoraban. En primer lugar, ellos no escanearon los sentimientos y pensamientos el uno del otro. "¿Cómo nos va? ¿Hay algún problema que no hayamos abordado? ¿Necesitamos pasar más tiempo juntos? ¿Estamos satisfechos sexualmente?" Los dos estaban demasiado distraídos para hablar de su relación.

El segundo escaneado necesario era espiritual. "¿Cuán sintonizados con Dios estamos? ¿Tenemos tiempo para la oración, la lectura bíblica, y momentos a solas con Dios para escucharlo y estar con Él?" Con su guardia espiritual abajo, las inseguridades se hicieron fuertes. ¿Cómo? La inseguridad surge de un mal entendimiento de la identidad en Cristo. Cuanto menos tiempo pasaban desarrollando el ser espiritual, más fácil era ser influenciados por otras cosas y personas. Desprotegidos, estaban abiertos a todo tipo de infecciones (como la inseguridad) que comenzaron a matar su relación.

Al faltar su dosis diaria de oración y lectura de la Biblia, Dale y Jennifer comenzaron a alejarse. Sus caminos cristianos por separado sufrieron; permitieron que influencias malsanas se infiltraran en sus pensamientos y sus actos.

Jennifer miraba a Dale para edificar su confianza; estaba decepcionada y se sentía demasiado dependiente de él. Dale miraba fuera del matrimonio en busca de afirmación con respecto a su masculinidad. Secretamente, Dale comenzó a entrar en la pornografía en la Internet y a flirtear con mujeres en su oficina. Las mujeres respondían y reforzaban el deseo que él tenía de ser una figura masculina. Otras mujeres edificaban su ego y le hacían sentirse sexualmente atractivo. Dale encontró una manera de edificar su autoestima, pero era su manera y no la manera de Dios.

Cuando Dale y Jennifer finalmente buscaron consejería matrimonial, Dale estaba cerca de tener una aventura amorosa fuera del matrimonio. Claramente, las influencias de la pornografía y el flirteo estaban haciendo impacto en su matrimonio. Jennifer trataba de definirse a sí misma mediante su esposo y su empleo. A medida que ambas cosas se volvieron problemáticas, ella desarrolló síntomas de ansiedad y depresión.

Cuando le pregunté a Jennifer si estaba dispuesta a cambiar, a ser menos dependiente de Dale para obtener su identidad, ella respondió: "Sí, claro. No sé cómo, pero lo intentaré. No quiero encontrar seguridad en Dale o en mi empleo. Sé que eso no es saludable. Creía que mi empleo podría darme un mejor sentimiento de quién soy yo, pero no ha sido así. Me siento bastante perdida".

Le dije a Dale: "Está usted flirteando con problemas. ¿Está dispuesto a abandonar la pornografía que ha permitido que entre en su hogar y en su vida?".

Dale respondió: "En este momento estoy cómodo con quién soy. No estoy haciendo nada de lo que debiera avergonzarme. Unas cuantas fotografías y unas risas con las mujeres de mi oficina no son delitos. Jennifer reacciona debido a su creciente inseguridad; así que la respuesta es no. No estoy dispuesto porque no creo que lo que estoy haciendo sea para tanto. Usted hace que suene como si estuviera visitando a prostitutas o algo así".

Hice un último esfuerzo. "Dale, usted sabe que está jugando con fuego. Está buscando fuera del matrimonio para satisfacer necesidades de intimidad; y está participando en cosas que no agradan a Dios, cosas que traerán consecuencias negativas a su relación".

Dale no quería dar su brazo a torcer. "Creo que yo soy quien mejor sabe lo que soy capaz de manejar. Usted y mi esposa están reaccionando en exceso. No estoy dispuesto a seguir hablando de esto."

Estaba claro. Dale no estaba interesado en el cambio. Sabía que no era bueno exponerse a sí mismo a la pornografía y el flirteo con otras mujeres; falsamente creía que podía manejar la tentación. Además, le hacía sentirse bien y edificaba su ego; le hacía sentirse masculino y deseable.

Dale no es distinto a muchas otras personas que saben que se están apartando hacia aguas turbulentas y aún así no se detienen. Dale podría haber tratado sus problemas, pero escogió no hacerlo. Flirtear a sabiendas con el peligro y actuar con falta de sabiduría finalmente trae destrucción a una relación. El resultado final puede ser el divorcio.

Ya sea la tentación sexual o cualquier otro tipo de problema que haya en su vida, el momento crucial es cuando usted escoge no hacer nada al respecto. Básicamente, acepta usted el mito: "No puedo cambiar. No cambiaré. No quiero cambiar. No necesito cambiar". Detrás de ese mito está la rebelión: una negativa a someterse al control divino o a someter su vida a las directivas de Dios. Su terca resistencia obstaculiza la rendición total a Dios, abriendo la puerta a los problemas. El virus está dentro, y comienza el proceso de infección.

El diablo no le hizo hacerlo, ¡pero la tentación es real!

Como la mayoría de las personas, podría usted resistirse al cambio porque se engaña pensando que no necesita cambiar su naturaleza de pecado. Minimiza el hecho de que tiene un enemigo formidable cuyo propósito es engañar y luego destruir. Si él puede seducirlo para que ceda a la tentación, para que peque, o para que descuide su relación con Dios, entonces habrá encontrado una ocasión. Santiago 1:14-15 dice que ceder a sus deseos da a luz el pecado. El propósito de Satanás es revivir la naturaleza de pecado en usted con tanta frecuencia como sea posible; él sabe que el pecado le hace daño a usted y hace daño a sus relaciones; él es muy consciente de los malsanos deseos que usted tiene, y trata de pervertirlos.

Repasemos la historia de Eva por un momento para ver cómo funciona eso. Eva tuvo una conversación con Satanás, y ese fue su primer error. Ella debería de haberle dicho que se fuera. No entretenga a su enemigo/tentación ni siquiera por un rato.

Satanás, como era de esperar, mintió: "No morirás si comes del árbol del conocimiento del bien y del mal. No, tus ojos serán abiertos, y serás como Dios". Así que Eva miró el árbol, vio que era bueno para comer y agradable a los ojos, y comió. Luego le dio a Adán, que estaba con ella, y él también comió. Adán se rebeló contra el mandato de Dios. Eva creyó una mentira.

Cuando comieron, sus ojos fueron abiertos. En lugar de ser como Dios, se dieron cuenta de que estaban desnudos. Uy, un gran error. Eva y Adán estaban en un mundo de dolor. Desnudos, se ocultaron. Cuando Dios llamó a Adán y le preguntó si había comido del árbol, Adán recordó el incidente: "Eva me dio, y yo comí". Eva, a su vez, le dice a Dios: "La serpiente me engañó".

Eva escogió creer una mentira; puso su propia voluntad por encima de la voluntad de Dios. Pablo nos dice que Eva fue engañada, pero Adán comió con pleno conocimiento de estar haciendo mal (2 Corintios 11:3; 1 Timoteo 2:14). Entonces, culpables y avergonzados, se ocultaron; con maldición dejaron el huerto. Su desobediencia pervirtió el plan perfecto de Dios.

El plan de juego de Satanás es hacer que usted pervierta la voluntad de Dios en su matrimonio haciendo las cosas a su manera. Obviamente, puede usted ser engañado y pecar como Eva, o puede escoger rebelarse contra los mandamientos de Dios como hizo Adán. Cualquiera de las maneras abre la puerta a todo tipo de inseguridades y problemas, como cuestionar su relación y finalmente aceptar el divorcio.

Obstáculos del cambio

La disposición al cambio con frecuencia está precedida de algo que yo denomino *obstáculos del cambio*. Son actitudes y actos que bloquean el cambio. Repasemos la siguiente lista para ver si algunos de ellos evitan que realice usted cambios necesarios en su relación.

Obstáculos del cambio

1. *Negación de un problema.* En el caso de Dale y Jennifer, Dale se negaba a admitir que tuviera un problema con la pornografía y la inseguridad. No puede usted cambiar los problemas si no los acepta.

2. *Ensimismamiento.* El cambio no encaja en sus planes, y ciertamente no obra a su favor. Usted hace solamente lo que es bueno para usted, sin considerar nunca el impacto que sus decisiones tienen en otros. Dale tenía una necesidad y quería satisfacerla a pesar de las consecuencias.

3. *Orgullo y terquedad.* Posiblemente usted no podría tener la culpa; usted rara vez cede o admite estar equivocado. Oh, sabe que hay un problema, pero se niega a tratarlo debido al orgullo o la terquedad.

4. *Temor al rechazo.* Teme que si hace usted cambios, su cónyuge no le amará o le aceptará.

5. *Falta de confianza.* Ya sea desconfianza de Dios o de otra persona, no siente que sea seguro hacer cambios. Teme usted que el cambio pueda trastocar su relación de mala manera, una manera que no puede usted manejar.

6. *Falta de perdón.* Se niega a perdonar a su cónyuge por heridas y conductas concretas. Aferrarse a la falta de perdón finalmente conduce a la amargura y obstaculiza su capacidad de crecer; hace estragos en su yo físico y emocional. Tampoco está conforme a la Escritura.

7. *Ira.* Puede que se niegue usted al cambio porque esté enojado: con Dios, con una circunstancia, o con alguien. La ira que permanece con el tiempo o que no se aborda en las relaciones puede volverse destructiva.

8. *Quiere que todos sean como usted.* Las diferencias individuales no se toleran; las cosas son a su manera o nada. Usted no necesita cambiar; es la otra persona quien lo necesita.

9. *Prejuicio*. Viene en todos los tipos. Usted piensa que es en alguna manera mejor que otra persona. Ese sentimiento de superioridad bloquea la empatía y conduce al juicio.

10. *Inseguridad*. El cambio es igual a incertidumbre y aumenta su ansiedad. No está usted seguro de sus decisiones y actos; por tanto, se vuelve ambivalente, haciendo más difícil el cambio.

11. *Dinero, poder, estatus y prestigio*. ¿Por qué cambiar cuando tiene usted esas cosas? Usted cree que ellas validan su condición actual.

12. *Juicio y crítica*. Esas actitudes le permiten enfocarse en las faltas de los demás y no en las suyas propias.

13. *Encierro emocional*. Esto hace muy difícil el trabajo en el matrimonio, como aprendió en anteriores capítulos.

14. *Rechazo deliberado de la voluntad de Dios*. Cuando usted sabe lo que necesita hacer y se niega a hacerlo, se está preparando para afrontar problemas.

15. *Demasiada comodidad y satisfacción*. El cambio es más difícil cuando usted se siente cómodo o satisfecho con el estatus quo. Las zonas cómodas son atractivas, aun cuando sean disfuncionales.

16. *Falta de conocimiento*. La Biblia dice que el pueblo perece por falta de conocimiento. A veces usted no cambia porque no está familiarizado con la Palabra de Dios o porque no sabe cómo cambiar para resolver problemas.

17. *Un corazón que se lamenta, pero no se arrepiente*. Lamentar es una confesión de la boca; arrepentimiento es un cambio de dirección del corazón. Arrepentimiento significa que usted emprende acción para cambiar las cosas o a usted mismo; pasa de la confesión a la acción.

18. *Deseo de permanecer en la etapa adolescente de la vida*. Puede que no quiera usted crecer y aceptar responsabilidad. ¿Por qué retrasar la gratificación? Sigue usted viviendo y pensando como un adolescente. Muchas adicciones comienzan de esta manera.

19. *Negativa a someterse a Dios.* Usted se niega a hacerle a Él Señor de toda su vida. Usted quiere tener el control, y piensa que puede manejar su propia vida.

20. *Ninguna resistencia.* Usted fácilmente es derrotado, cede, y permite influencias negativas en su vida. No reconoce su autoridad en Cristo. No solamente se le dice que resista al diablo, sino que también se le ha dado completa autoridad sobre él en Cristo. Usted no ejerce esa autoridad.

21. *Falta de adoración, oración y meditación en la Palabra de Dios.* No puede usted vivir una vida transformada sin tener una relación íntima con Cristo. La oración, la adoración y la meditación son vitales para su crecimiento.

22. *Falta de compromiso con el cambio.* Puede que tenga usted buenas intenciones, pero cuando el camino se pone difícil regresa a los viejos hábitos.

23. *Estrés.* El estrés puede agotarlo si no lo maneja bien. Como resultado, el cambio es una baja prioridad cuando usted trata de sobrevivir a los problemas más urgentes de la vida.

24. *Adorar ídolos.* Usted pone otras cosas antes que a Dios. No estoy hablando aquí de pequeñas estatuas. Estoy hablando de adoración al dinero, al estatus, al ocio, al entretenimiento, al sexo, al trabajo… cualquier cosa que usted ame más que a Dios o que lo sustituya a Él en su vida.

Apártate, Frank Sinatra; yo también lo hice a mi manera

Brian y Ellen necesitaban ayuda. Tenían graves problemas económicos (estrés), lo cual estaba afectando a su matrimonio. La serie de Brian de malas inversiones había causado pérdidas tremendas; al estar muy ansioso por su futuro económico, se pasaba horas tratando de encontrar la manera de salir del caos que había creado. No podía creer que estuviera en ese estado; al haber sido el comercio una de sus principales asignaturas en la universidad, él sabía lo que le convenía.

El padre de Ellen era un acomodado inversor que podría haber ayudado; pero Brian no se sentía cómodo pidiendo ayuda a su suegro. La vergüenza ya era bastante grande, pero ser rescatado por el viejo papá era demasiado.

Brian y Ellen rara vez hablaban sobre decisiones económicas. Brian admitía que no había consultado con su esposa y que nunca había pensado en orar por las inversiones. Nadie a quien él conociera hacía nunca tal cosa. Después admitió haber tomado prestado dinero del diezmo para invertir en bolsa cuando no tenía muchos fondos, creyendo que era seguro que las inversiones darían grandes beneficios.

Los problemas económicos de la pareja eran importantes pero podían solucionarse. El mayor problema era el enfoque de Brian: llanero solitario. No consultaba ni a Dios ni a su esposa. Brian confesó que había querido evitar toda oposición a sus planes; él no era un mal hombre, sencillamente hacía lo que hacen muchas personas: vivir la vida a su manera.

La confianza en uno mismo está aferrada en la alta estima en la cultura actual. Mientras que Dios quiere que usted utilice la capacidad mental que Él le dio, también quiere ser una parte integral de su vida. Él quiere que usted someta su voluntad a la de Él, y esa sumisión requiere hacer las cosas a la manera de Dios tal como está bosquejada en su Palabra. Él promete guiar y dirigir, si usted se lo permite. Pero usted tiene que permitírselo.

Quizá haya hecho usted las cosas a su manera, como hizo Brian. Ha terminado metido en un lío, preguntándose cómo llegó hasta ese punto; ha supuesto que Dios no está interesado en su vida o que Él no responde la oración, pero en realidad ha dejado usted a Dios fuera de la ecuación. Cuando usted ora y no se produce un cambio inmediato, le culpa a Él y se siente rechazado.

Aunque Dios es su último recurso, si es usted sincero admitirá que rara vez clama a Él o declara su Palabra. Cree que usted puede manejarlo, y ese fue el engaño original: "Yo puedo ser como Dios. Mi manera funcionar, o quizá será mejor que la de Dios". Esa es una presuntuosa mentira. Dios —no usted— ve el cuadro completo.

Hay una falta de poder

¿Por qué tantas personas no cambian cuando es tan necesario hacerlo? Una respuesta tiene que ver con lo anterior: prefieren *su manera a la manera de Dios*. Sin embargo, otros dicen que quieren ser obedientes a Dios pero fracasan miserablemente. Y con la gran cantidad de recursos, terapeutas, talleres y otras cosas para ayudar a las personas a cambiar, uno pensaría que más de nosotros viviríamos vidas transformadas. ¿Pero por qué no es así? Mire a su alrededor. Hay una falta de poder.

Una y otra vez se dice a los cristianos que venzan los problemas por medio de Cristo; sin embargo, muchos batallan en las relaciones matrimoniales y no se sienten con mucho poder. Nuestros problemas nos abruman. Olvidamos la herencia que se nos ha dado en Cristo y, por tanto, no utilizamos lo que está a nuestra disposición para que haya cambio. Por el contrario, nos apoyamos en nosotros mismos. A veces eso funciona, pero son más las veces en que no funciona.

Oh, hemos hecho la oración del pecador; hemos intentado ser buenos, y hasta hemos asistido a la iglesia, pero no nos hemos conectado al poder de Él. Su Espíritu no nos da energía; por el contrario, iluminamos como una chispa aquí y allá, y luego nos consumimos. No hay poder en nuestras vidas cotidianas; no somos tan diferentes a las demás personas que nos rodean y que batallan con problemas matrimoniales.

La razón de esto es que nos hemos conectado a las fuentes de poder equivocadas, fuentes que prometen energía inmediata pero que al final se agotan. Como los grupos que salen en la MTV, somos llenos de electricidad por el momento, pero no hay un poder verdadero. Detrás del cacareo, nos encontramos no preparados e inseguros de quiénes somos o de hacia dónde vamos.

Nuestra incertidumbre sobre Dios se manifiesta en la confusión de roles, la desconfianza, y a veces de maneras más graves, como trastornos alimentarios, depresión, ansiedad, una mala autoimagen, ira, alcoholismo, experimentación con drogas y salir de fiesta. Tratamos de conectarnos a algún lugar, a cualquier lugar, para poder sentirnos vivos y con energía.

Buscamos la siguiente emoción o desafío; probamos multitud de cosas, cosas que son atractivas a nuestra carne y a nuestro sentimiento de confianza en uno mismo. Nos permitimos ser seducidos. ¡Mordemos el fruto! Nos parece muy bueno.

Esas fuentes de poder temporales finalmente se agotan. Si se conecta usted a ellas, finalmente estará en la oscuridad.

Fuentes temporales de poder

1. *Mi propio poder.* Lo que yo hago que suceda cuenta. Soy básicamente bueno, capaz de hacer suceder cosas debido a mi intelecto, capacidades y habilidades. Tengo en mi interior lo necesario para hacer que sucedan cosas. Me corresponde a mí hacerlo. El éxito me define. No necesito a Dios, porque yo soy mi propio dios.

2. *El poder del materialismo.* Cuanto más consiga y posea, más feliz seré. El poder está en las cosas, el estatus y el dinero. Obtengo mi identidad mediante lo que tengo: moda, autos, grandes casas y caras vacaciones.

3. *El poder del relativismo.* Mi viaje es lo único que importa. Cualquiera que sea mi experiencia es verdadera y real para mí. No hay principios absolutos, ni cosas buenas o malas, solamente lo que yo defino como verdad. El poder viene de la experiencia, no de la verdad bíblica.

4. *El poder de la sexualidad.* Cuanto más hermoso y perfecto es mi cuerpo, más sensual me vuelvo, y más poder tengo para atraer a otros y obtener lo que necesito. Puedo utilizar el sexo para persuadir, para estar cerca de otros, para ser amado. La expresión sexual se utiliza para obtener poder.

5. *El poder de la cultura pop.* En ausencia de una fuerte formación familiar, he permitido que la cultura pop sea mi maestra. He asimilado valores y moralidad lentamente mediante a la exposición a ningún estándar moral. Justifico mi conducta y mis actitudes porque me comparo a mí mismo con los populares de Hollywood y con las estrellas del pop. Quién soy yo se ve constantemente seducido por conectarme a los medios de comunicación que fomentan el hedonismo y se oponen a los valores bíblicos.

Estas son solamente unas pocas de muchas fuentes de poder disponibles. Todas ellas le alejan de su necesidad de Dios y le conectan a un poder que no logrará mucho. Al enemigo le encanta esa distracción; él la intentó con Jesús (ver Mateo 4). Llevó a Jesús a lo alto de un monte, le mostró todos los reinos del mundo y la gloria de ellos, y le dijo: "Mira, esto es tuyo si solamente te inclinas y me adoras". La tentación era el poder.

El enemigo hará cualquier cosa para alejarlo de la eficaz fuente de poder: Jesucristo. Él sabe que cuando usted se desconecta de Él, es ineficaz en todo lo que haga. Usted queda confundido, sin propósito y sin dirección.

Si él puede mantenerlo distraído con fuentes de poder que finalmente se agotan, está feliz porque ha logrado su propósito. Su relación fracasa y se siente usted perdido y confundido; tiene cierta idea sobre como debería ser la vida, pero sus experiencias no encajan con esas expectativas. Permite usted que heridas de situaciones o personas de su pasado lo derroten. Quizá haya perdido su inocencia, su virginidad, o hasta una perspectiva esperanzada de las posibilidades de su vida. Está usted sin vida, sin poder, y derrotado; el cambio parece eludirle.

Si se siente impotente para hacer cambios, es momento de que se conecte al único Dios verdadero e interactivo. No hay falta alguna del poder de Él, pero debe usted conectarse. Conéctese, sintonice. Es posible un cambio increíble por medio del Espíritu Santo obrando en concordancia con los esfuerzos que usted hace. Él puede iluminar áreas de cambio y ayudarle a lograrlo.

Haga lo que usted sea capaz de hacer, y luego permita que el Espíritu Santo haga el resto. Usted es responsable de trabajar en asuntos y problemas de relaciones y de hacer buenas elecciones, pero necesita el poder del Espíritu Santo para que le dé un éxito duradero. Con Dios, su vida puede ser transformada en algo maravilloso; pero tiene que desearlo, ser obediente y utilizar el poder.

VERDAD 7 Yo puedo cambiar, pero requiere deseo, obediencia y poder.

Para construir un matrimonio que perdure, debe usted estar dispuesto a cambiar y a permitir a Dios dirigir su vida. Él es la razón por la que el cambio es posible; por usted mismo, el cambio es un proceso difícil. Con la ayuda de Dios, puede lograrlo. Líbrese de los obstáculos para el cambio y conforme su vida a la de Cristo. Conformarse es un trabajo duro, y algo contra lo que la mayoría de nosotros nos rebelamos. Pero a continuación están los pasos.

Admitir el problema

Si ha de cambiar, primero debe admitir que existe un problema. Cualquiera que sea la razón que usted tenga para negarlo, suéltela y comience el trabajo de mejora. Mire, todos nosotros tenemos áreas que necesitan mejora. Usted y su cónyuge son obras en progreso, y surgen problemas cuando olvida usted eso.

Identifique áreas que necesiten cambio, y haga algo al respecto. La consejería ayuda a las personas a hacer cambios; consiga un terapeuta competente y piadoso, y póngase manos a la obra. O participe en un grupo y sea responsable ante otros. Comience a escuchar los comentarios de sus amigos y de su cónyuge; pida a Dios que le revele áreas de su vida que necesiten un cambio. Negarse a hacer eso es prepararse para el dolor y para relaciones arruinadas.

Cambiar el corazón

Ore para que Dios cambie su corazón, pues usted necesita ser sensible a la cosas de Dios. La manera de hacerlo es meterse en la Palabra, orar, y adorar a Dios. Sé que parece una idea sencilla, y lo es. La aplicación es mucho más difícil.

En mi experiencia, las parejas que están pensando en el divorcio han fallado en algún lugar en su relación con Dios. En veinte años nunca he visto a dos personas que estén encendidas para Dios, tengan hambre de las cosas del Espíritu, y se muevan en su voluntad que estén preparadas para el divorcio. Por un lado, Dios no le dirige a hacer algo que vaya en contra de su propia Palabra. El divorcio nunca se manda ni se fomenta en la Biblia; por tanto, Él no le dirigirá a hacer algo que aborrece.

Las parejas han utilizado conmigo la siguiente frase: "He orado al respecto, y Dios quiere que me divorcie. Él ve lo infeliz que soy, y Él quiere que yo sea feliz". ¡Qué ridículo! No trate de manipular a Dios. Dios no le dirige a que se divorcie; Él *permite* el divorcio en casos de corazones duros no arrepentidos. Él *no* dirige a las personas a romper pactos debido a que se niegan a cambiar o a reconciliarse.

Las personas que quieren divorciarse y utilizan esa excusa, en realidad están diciendo: "Voy a hacer lo que yo quiero hacer, y nadie me convencerá de lo contrario". Pero esas personas no son así de sinceras; en cambio, tratan de espiritualizar una razón para divorciarse, y se ocultan tras una fachada de religiosidad.

Es necesario un cambio de corazón. Deje de mentir sobre lo que Dios quiere que usted haga. Pida a Dios que cambie su corazón; no le pida que le haga feliz. Pídale que cave en su vida y que saque todos los obstáculos para el cambio. Ese proceso no siempre se sentirá cómodo; usted estará emocionalmente cansado, y se enfrentará cara a cara con sus propios problemas. Pero afróntelos; no huya.

Quizá haya sido usted herido por un cónyuge que no deja de decir que él o ella cambiarán, pero no lo hace. No es tarea de usted juzgar el corazón. Quizá él o ella estén dando una pista, o quizá no. Su tarea es estar dispuesto a intentarlo, y enseguida verá usted si el esfuerzo es verdadero.

Con frecuencia me preguntan: "¿Cuántas oportunidades se le da a una persona para que haga los cambios necesarios?". Decida la respuesta basándose en sus votos de pacto. Dios le da gracia y favor ilimitados aun cuando usted no los merezca.

Una vez más, no estoy hablando de casos de violencia y abuso. Si hay un potencial peligro físico, la seguridad es su principal interés. En esos casos, trabaje con un terapeuta que entienda la violencia doméstica, la adicción, o graves problemas de personalidad. Estoy hablando directamente a quienes no quieren hacer los cambios necesarios y prefieren abandonar el matrimonio, pensando que el pasto es más verde en algún otro lugar. Deje de vagar, y coma de su pasto de pacto. Tiene usted mucho trabajo que hacer.

Conocer la Palabra de Dios

Parece algo demasiado sencillo decirle a la gente que conozca la Palabra de Dios; pero hay demasiados cristianos que nunca han leído mucho de la Biblia. La lectura de la Biblia es una disciplina; se necesita tiempo para leerla, y para estudiarla. La lectura de la Biblia es como un curso superior que nunca termina. Uno nunca llega a dominar toda la información. Incluso cuando un pasaje parece ser muy familiar, el Espíritu Santo puede traer una nueva revelación. La lectura de la Biblia no se trata de historias bonitas; se trata de sumergirse continuamente en la Palabra de Dios para no llegar a deshidratarse espiritualmente.

Cuando usted lee la Biblia, Dios habla. Usted llega a conocerlo, y aprende lo que Él piensa, dice y hace. Piense en ello de este modo: cuando usted salía con su cónyuge, quería saber todo con respecto a esa persona: lo que pensaba, comía, leía… Cuanto más sabía, más fácil era decidir si era alguien en quien usted quería confiar, con quien quería estar.

Lo mismo es cierto de Dios. Cuanto más lo conoce, más confía en Él y quiere saber más sobre Él. Leer su Palabra y pasar tiempo con Él en oración son maneras de llegar a estar cercano a Él.

Con frecuencia, las personas fingen conocerlo a Él cuando no es así. Para muchos, Dios es un conocido y no un amigo íntimo. Citar unos cuantos pasajes bíblicos no es tener una relación personal. Muchas personas no viven en poder dinámico, y por eso, cuando llega la dificultad, se aterrorizan, se deprimen y se apartan.

Profundice en la Palabra de Dios. Aprenda cuáles deben ser sus actos y sus actitudes. ¿Qué pautas se dan para la conducta y los pensamientos? ¿Cómo es un carácter piadoso? Por ejemplo, Gálatas 5:22-23 enumera el fruto del Espíritu: amor, gozo, paz, paciencia, benignidad, bondad, fe, mansedumbre y templanza. ¿Son esos los rasgos de su carácter? La conducta impía se describe como adulterio, fornicación, inmundicia, lascivia, idolatría, hechicerías, enemistades, pleitos, celos, iras, contiendas, disensiones, herejías, envidias, homicidios, borracheras, orgías (Gálatas 5:19-21). Si esta lista describe mejor su conducta y sus actos, necesita usted un cambio.

Muchos versículos en la Biblia proporcionan descripciones explícitas de los pensamientos y las conductas que deberían ser evidentes en la vida de un cristiano. Además, hay disponibles numerosos estudios bíblicos sobre el tema de la vida cristiana. Con tanto material a su disposición, no tiene usted ninguna buena razón para ser ignorante y desconectarse.

Someterse a Dios

Tengo que admitirlo; a una parte de mí no le gusta la palabra *someterse*. Va en contra de mi naturaleza, como probablemente le suceda a usted. *Someterse* significa rendirse, o adaptación y obediencia. Cuando me casé hace treinta y tres años, quité de mis votos la palabra *someterse*. Yo pensaba: "¿Por qué debería yo someterme a un hombre cuando soy probablemente tan inteligente como él? Quizá él debería someterse a mí".

A pesar de mi egoísmo y mi total mal entendimiento de la idea bíblica de sumisión, ¡Dios bendijo mi matrimonio! Aprendí que no es tan difícil someterse a alguien que primeramente está sometido a Dios. Esa es la clave: dos personas deben estar sometidas a Dios.

La mayoría de problemas matrimoniales surgen de una falta de piadosa sumisión. Su usted cree que los caminos de Dios son los mejores, y lo que Él tiene para usted es bueno y perfecto, no batallará con la sumisión. Si usted, como cónyuge, está verdaderamente sometido en todas las cosas a Dios, entonces la sumisión mutua en el matrimonio no es una experiencia negativa de la que solamente las feministas pueden salvarle.

Cuando una persona en un matrimonio no se somete a Dios, los problemas son el resultado. Ser insumiso a Dios es *rebelión espiritual,* y tiene consecuencias. La Biblia está llena de historias de personas que no escogieron los caminos de Dios, y no tuvieron finales felices. Si acepta usted el cristianismo, la sumisión es parte del trato, pero no es lo malo que la cultura que me rodea me guió a pensar que era. Cuando me someto a un Dios amoroso que se interesa profundamente por mí, eso quita toda la presión. No tengo que tener todas las respuestas; y tengo a alguien que tiene el control de mi vida y que solamente quiere lo mejor para mí.

La sumisión bíblica ha llegado a politizarse, pero no tiene nada que ver con la política, los derechos de las mujeres o la dominación de los hombres. La sumisión se trata de permitir que Dios dirija su vida a pesar de cuál sea su género.

Someta su vida *entera* a Dios, y no solamente pedazos de ella; rinda su voluntad por completo. La mayoría de nosotros damos un poco aquí y allá, pero nos aferramos a áreas concretas. Entregarse a Dios es un acto de amor por parte de usted; Él no lo tratará mal.

Algunos han confiado en personas que les han decepcionado o hasta les han herido; por tanto, no confían en Dios y sienten la necesidad de controlar su propia vida. Pero Dios no les ha decepcionado. Piense en ello. Las personas hacen mal las cosas, pero Él no le deja ni le abandona; su amor es incondicional, y su presencia siempre está con usted.

Quizá se sienta solo o traicionado; no entiende por qué sucedieron ciertas cosas, y parece que Dios no está en la escena; pero Él sí está. Solamente porque usted no comprenda las circunstancias o no pueda controlar la conducta de alguien no significa que Dios le haya abandonado. No trate de guiarse por sus sentimientos o por lo que parecen ser las cosas en el momento. Confíe en que Dios es fiel a su Palabra; Él lo será. Dé un salto de fe y ríndase por completo.

Practique lo que ha aprendido

Después de haberle pedido a Dios que cambie su corazón, de haber aprendido a conocerlo íntimamente mediante su Palabra, y de haberse sometido a su voluntad, debe usted comenzar a practicar lo que ha aprendido. Es ahí donde se lleva a cabo la acción. ¡Una cosa es saber lo que ha de hacer y otra hacerlo!

Recuerde que tiene usted ayuda que produce cambio: la oración y el Espíritu Santo. El cambio espiritual produce un cambio de conducta. En primer lugar, decida que su conducta y sus pensamientos estarán en consonancia con la Palabra de Dios; luego ore y pida al Espíritu Santo que le ayude a hacer que eso suceda. Él le dará el poder para alcanzar sus objetivos.

Ben tuvo que hacer eso. Ben tenía un terrible problema de ira. Su furia surgió de haber vivido con un padre abusivo que le criticaba y le menospreciaba cuando era un niño. Ben odiaba el modo en que su ira se desataba sobre su esposa, Beth. Acudió a terapia para ayudarle a identificar los puntos que desencadenaban su ira y enseñarle estrategias para controlarla. Ben también pidió a Dios que le ayudara; estudió los pasajes bíblicos que hablan sobre la ira y el dominio propio. Él sabía cómo debía comportarse con su esposa. Ben trabajó en la terapia para aprender consejos y estrategias para tener dominio propio. Cuando surgía su ira, practicaba esas estrategias de control y oraba. A medida que trabajaba para calmarse, pedía al Espíritu Santo que le diera el dominio propio que necesitaba para ese momento; él sabía que sin la ayuda del Espíritu, el cambio duradero tenía un signo de interrogación.

Usted puede tener acceso al mismo poder que Ben para vencer patrones de conducta que quiera cambiar. Puede que sea necesario trabajar, pero se logrará. Si ha vivido usted años comportándose de cierta manera, el cambio puede que no sea instantáneo. Los malos patrones de conducta se aprenden, y deben ser desaprendidos. Pero con el poder del Espíritu Santo, el proceso de cambio no tiene que tomar toda una vida.

No se desaliente cuando vuelva a caer en un viejo patrón de conducta. Aprenda a reconocer el viejo patrón, y luego cámbielo. Si su cónyuge está tratando de cambiar, no se abalance cuando él o ella cometa un error; en cambio, señale el problema pero recuerde a su cónyuge la nueva manera de manejar la situación. Refuerce los pasos hacia el cambio. El cambio es un proceso que Dios a veces abrevia de modo milagroso.

Refuerce esos cambios

El cambio no es fácil para la mayoría de nosotros. Cuando usted hace un cambio en la dirección correcta, refuércelo. La conducta cambia con refuerzos positivos, y a veces esos refuerzos deben provenir del interior.

Regresemos a Ben y Beth.

Ben estaba decidido a mantener su ira bajo control, pero había estado casado por ocho años antes de tener un cambio de corazón. Beth temía la ira de Ben. Él nunca la golpeó, pero estuvo cerca de hacerlo. Intimidaba físicamente, así que el temor de Beth estaba arraigado en la realidad.

Conforme Ben comenzó a hacer cambios y a ejercitar el dominio propio, Beth se quedaba sentada en silencio. En la terapia, ella estaba contenta de que Ben estuviera cambiando, pero no confiaba en que ese cambio durase mucho. Yo la alenté a compartir eso con él. Ben se disgustó un poco de que su esposa no fuera más positiva. El cambio no era fácil.

Lo que Ben no reconocía era el gran impacto que su conducta amenazante causó a la relación. Unas cuantas semanas de adecuado control de la ira no eliminaba ocho años de historia. Beth tenía razones para dudar; ella necesitaba ver un cambio *sostenido*. Ben necesitaba reconocer cómo su conducta contribuyó a la incertidumbre de Beth. Pero en ese momento él estaba enojado por la poco entusiasta respuesta de Beth, y estaba listo para tirar la toalla. ¿Por qué debería intentarlo si su esposa no reconocía sus esfuerzos?

Yo le di tres razones para continuar su búsqueda del cambio:

1. Aun cuando Beth nunca le dijera ni una sola palabra, la conducta de él seguía siendo mala.

2. La conducta de Beth no determinaba la de él.

3. Su actual decisión tendrá una gran influencia en su futuro.

Le aconsejé: "Deje de mirar a Beth para concentrarse en hacer lo que debería haber aprendido a hacer hace años: controlar su ira". Sí, sería estupendo si ella le diera palmaditas en la espalda, pero bajo esas circunstancias él debería entender las dudas de ella. Él necesitaba reforzar su propia conducta; estaba haciendo lo correcto. El control de la ira era la señal de un hombre sano; él mismo debería darse golpecitos en la espalda por realizar ese cambio. Pero esperar que Beth fuera su mayor fan a la primera señal de cambio era esperar demasiado. Ella había estado traumatizada por su conducta pasada y ahora se estaba permitiendo a sí misma bajar un poco la guardia. Con el tiempo, a medida que Ben demostrara un cambio consistente, ella se relajaría y tendría palabras positivas para él. Era necesario tener paciencia.

En la sesión siguiente, Beth le dijo a Ben que estaba muy contenta de que él estuviera controlando su ira; pero también dio voz a sus temores de que pudiera regresar a su conducta pasada. Ben se disculpó por no entender cómo su ira había creado temor en Beth; ahora entendía cómo su conducta había herido a su esposa. Ben asumió responsabilidad por sus actos que habían creado el problema en la relación. Antes de que Beth sintiera la libertad para responder positivamente, él tenía que demostrar que era digno de confianza.

La verdadera pregunta era: ¿Qué motivaba el cambio de Ben? ¿Era la culpa, el temor de Beth, la terapeuta, la amenaza de divorcio, o había otros factores que le motivaban? Afortunadamente, él estaba motivado por su pecado; necesitaba reconocer que su conducta no era en nada semejante a Cristo y que había dañado su relación.

El cambio normalmente es progresivo. Si puede usted alentar a su cónyuge a lo largo del camino, hágalo, pues eso ayuda tremendamente. Es muy necesaria la paciencia por parte de ambos cónyuges; y la paciencia es una virtud que no está valorada en nuestra sociedad. Nuestra cultura de usar y tirar dice que si algo no da la talla de inmediato, lo desechemos y pasemos a lo siguiente. Esta mentalidad también se ha afincado en el matrimonio. Si su cónyuge tiene problemas, divórciese de él, pues habrá alguna otra persona que sea más agradable, más amable, más rico, más sexy o cualquier otra cosa.

No caiga presa de la mentalidad que dice: "si está estropeado, líbrate de ello". Si usted necesita cambiar, obtenga ayuda, identifique el problema, corríjalo, y viva una vida transformada. Las personas con frecuencia escogen la terapia porque es un lugar donde alguien trabajará pacientemente con ellas en el cambio. La creciente popularidad de la terapia se relaciona, en parte, con la falta de disposición de otros a que las personas les rindan cuentas del cambio. Los terapeutas hacen que las personas les rindan cuentas y refuerzan el progreso firme.

Habiendo dicho eso, usted no necesariamente necesita un terapeuta para cambiar de conducta. Puede comenzar en este momento. Si su cónyuge ha recibido la fuerza de su problemática conducta, no pretenda que esa persona festeje sus cambios inmediatamente. Busque aliento de personas que no hayan tenido que vivir con su problemática conducta. Si su cambio es genuino y duradero, su cónyuge finalmente se convertirá en su fan número uno.

A las personas les gusta que las elogien, y eso refuerza la conducta cambiada. Su objetivo es ser más como Cristo; pero su cónyuge puede que no sea su principal animador. Si él o ella no festejan sus esfuerzos, no tire la toalla y abandone. Su deseo de cambiar debería provenir de su interior —por el impulso del Espíritu— si está usted conectado al poder de Dios.

Abrazar el cambio no es fácil, pero es necesario a fin de hacer que el matrimonio funcione. Los matrimonios fracasan porque las personas se niegan a ser ejemplo de Cristo en pensamiento y conducta. La rebelión adopta muchas formas diferentes, una de las cuales es negarse a que sus pensamientos y su conducta estén en línea con los de Dios. Alguna otra persona puede aceptarlo como usted es, pero seguirá sin agradar a Dios si su conducta es problemática.

Ya no más excusas. Usted puede cambiar. Tiene acceso a potentes agentes de cambio: terapeutas, mujeres y hombres piadosos, libros, seminarios, talleres y enseñanza. Pero el agente de cambio más poderoso es el Espíritu Santo. Tome lo que Dios le ha dado. Diga no al mito "yo no puedo cambiar" y sí a la transformación. El cambio es posible con deseo, obediencia y el poder del Espíritu Santo.

Estrategias para un matrimonio sano

- Dedique su vida al cambio continuado. ¡Nadie ha llegado ya!
- Escanee para encontrar virus relacionales y espirituales.
- No sea engañado o escoja a propósito la rebelión.
- Identifique las cosas que detienen el cambio y líbrese de ellas.
- Desconéctese de fuentes de poder ineficaces. Conéctese al Dios interactivo.
- Admita que tiene usted un problema.
- Pida a Dios que cambie su corazón.
- Conozca la Palabra de Dios a fin de poder evaluar su cambio de conducta.
- Sométase a Dios. Sea obediente a sus mandamientos. Practique lo que ha aprendido.
- Refuerce esos cambios, y rinda cuentas de su conducta.
- Aprópiese del poder transformador del Espíritu Santo para hacer que los cambios perduren.

CAPÍTULO 10

Infidelidad

MITO 8 Ha habido una aventura amorosa; tenemos que divorciarnos.

"**N**o practiqué sexo con esa mujer." ¿Podremos alguna vez olvidar la feroz negación del presidente Bill Clinton con respecto a su ahora infame relación con la interina de la Casa Blanca, Monica Lewinsky? Gracias a los detallados informes de los medios de comunicación sobre conversaciones íntimas y conducta sexual, todo el país hablaba de lo que *sí* y *no* constituye infidelidad matrimonial.

La infidelidad no es un tema en el que la mayoría de nosotros queramos pensar, en especial cuando estamos comprometidos o recién casados. ¿Quién quiere soñar con el día de su boda y pensar: "esta persona podría traicionarme?" Pero la traición es una realidad que las parejas deben confrontar.

Por tanto, ¿qué es *infidelidad*? ¿Es un acto del corazón, una rotura de confianza, una brecha física de los votos matrimoniales? ¿Puede usted estar emocionalmente implicado fuera de su pacto matrimonial y seguir siendo fiel? Si hace actos físicos pero se detiene poco antes del acto sexual, ¿está bien? ¿Cuán lejos es demasiado lejos?

¡"Demasiado lejos" es cuando no puede contárselo a su cónyuge!

Tom era un hombre brillante que se encontró a sí mismo inquieto y aburrido en su oficina, y comenzó a flirtear con una colega de trabajo.

Los dos comenzaron a salir juntos a almorzar y ocasionalmente se veían después del trabajo para tomar una copa. Finalmente llegaron a relacionarse físicamente, pero nunca hicieron el acto sexual. Por temor a traspasar la línea que él mismo se había impuesto, Tom acudió a terapia. Su primera pregunta fue: "¿Realmente le he sido infiel a mi esposa? No he hecho el amor, y no hemos estado totalmente desnudos juntos. Nos hemos besado y acariciado mucho, ¿pero cuenta eso realmente?".

Le pregunté a Tom: "Si le contara a su esposa lo que me acaba de contar a mí, ¿qué le diría ella?". Silencio. Tom sabía cuál era la respuesta.

Infidelidad es algo más que sexo

Infidelidad es una brecha en la confianza, una ruptura del pacto, una traición de la relación. Va más allá del acto sexual, para incluir la vida física, emocional y pensante de una persona.

Dios quiere que usted le sea fiel a su cónyuge. Jesús habla con dureza sobre las relaciones extramatrimoniales, hablando tanto del corazón como de pensamientos impuros (Mateo 5:27-28; 19:18-19). Según sus palabras, el adulterio emocional es tan grave como la inmoralidad sexual. Sé que eso suena increíble en nuestra sociedad. He oído a personas reírse ante esa idea. ¿Por qué? Porque la lujuria, que es la raíz de la infidelidad, se fomenta en nuestra cultura secularizada. El sexo es agradable; el sexo vende; el autocontrol no es la manera de la cultura.

Pero la infidelidad requiere satisfacer una necesidad fuera de las fronteras de su pacto. Usted encuentra a alguien que le atrae por una razón u otra, y experimenta deseo por esa persona. Se hace la elección consciente de entretener ese deseo y jugar con él. Cuando se juega con el deseo, el resultado es normalmente la gratificación. Una vez que escoge usted gratificarse, se ha cruzado la línea.

La infidelidad casi siempre está envuelta en secretismo y mentiras. El voto matrimonial se rompe y comienza el encubrimiento. Obviamente, eso fomenta la culpabilidad, y es adecuado. Pero entonces la culpabilidad debe ser quitada de la mente a fin de continuar con la infidelidad. Sigue un círculo vicioso: relación extramatrimonial, mentira, encubrimiento, culpabilidad, quitar la culpabilidad, más conducta extramatrimonial.

Mientras que *adulterio* es un término utilizado para describir el sexo fuera del matrimonio, *infidelidad* se trata de deshonestidad sexual. Si usted oculta cualquier acto, pensamiento o relación emocional inadecuada a su cónyuge, puede que sea debido a que ha ido demasiado lejos.

Estrés crónico junto con distancia emocional

La tranquila y atractiva Angela conoció a Sam en la universidad y estuvo de acuerdo en casarse con él después de la graduación. Se quedó embarazada inesperadamente. Después de una larga y ardua conversación sobre qué hacer con su carrera cuando naciera el bebé, la pareja decidió que Angela se quedaría en casa y criaría al bebé.

Cuando su hija, Alex, tenía tres años de edad, Angela comenzó a notar la ausencia de Sam para la cena. Sam buscaba toda excusa posible para seguir con su vida como era antes de nacer el bebé. Se apuntó a un gimnasio, jugaba al basket con los muchachos, y se quedaba en librerías hasta alta horas.

Sam hablaba cada vez más de su vida aparte de Angela. Quería mucho a su hija, Alex, pero parte de él resentía su prematura entrada a la vida matrimonial. Las conversaciones con su una vez interesante esposa ahora se enfocaban en cómo enseñar a los niños a hacer pipí y a asuntos triviales del hogar.

El interés mutuo que él y Angela compartían por la política quedó en un segundo plano. Angela, que antes estaba al corriente de los asuntos actuales y los temas políticos, apenas tenía tiempo para tomar un baño. Sam anhelaba su anterior compañerismo, y comenzó a resentir las demandas que la maternidad imponía a Angela. Aburrido y no dispuesto a afrontar el problema, él se implicó de manera activa en una campaña política local. Lentamente, cambió sus intereses alejándolos de su esposa, hacia otras cosas.

Angela también se estaba adaptando a la maternidad. Sus planes de tener una carrera en investigación médica claramente tuvieron que posponerse. Con esos sueños puestos en espera, ella se resignó a la realidad del bebé. Aunque el nacimiento de Alex no fue planeado, alguien tenía que ser responsable; la distancia entre ella y Sam crecía con cada día que pasaba. Angela nunca hablaba sobre los cambios, pero resentía la libertad de Sam y su descuido; ella mantenía en su interior esos sentimientos, demasiado agotada para tratarlos con su esposo.

En la oficina de campaña, Sam conoció a una mujer soltera, Sheila, a quien le encantaba hablar del actual clima político. La pasión de Sheila por la política era atractiva, y una creciente tensión sexual entre los dos comenzó a desarrollarse. Los dos pasaban muchas horas juntos. Angela se preocupaba, pues sentía que Sam se distanciaba cada vez más de ella. Las noches fuera de casa se hicieron más frecuentes, a medida que la campaña consumía todo su tiempo libre. Preocupada de poder estar volviéndose loca y convirtiéndose en una esposa celosa, ella concretó una cita conmigo.

"Sospecho que Sam tiene una aventura amorosa. Las cosas han estado tensas entre nosotros durante meses. Él está poniendo excusas para quedarse en las oficinas de la campaña; hay gastos no contabilizados en las tarjetas de crédito; está sexualmente distante. Y sé que esto suena realmente a locura, pero huele de modo diferente cuando regresa a casa. Sam me dice que sufro paranoia y que pienso demasiado en sus tardanzas, así que he tratado de ignorar las banderas rojas. Me digo a mí misma que debo calmarme y que mi matrimonio va bien. Sam sencillamente está atravesando un periodo difícil al ajustarse a la paternidad; pero han pasado tres años, y las cosas no han cambiado, así que decidí hablar con alguien acerca de mis sospechas."

Lo que Angela descubrió fue que Sam y Sheila estaban teniendo una aventura amorosa. Sus sospechas eran certeras. Cuando ella confrontó a Sam, él mintió. Cuando contrató a un investigador privado para descubrir la verdad, Sam finalmente admitió su relación con Sheila.

Sam y Angela se sentaron incómodamente en un sofá en la terapia. Angela comenzó llorosamente.

—He sido herida por encima de lo que nunca he experimentado, pero quiero arreglar las cosas. Tenemos un bebé. Somos jóvenes. Quizá podamos solucionar las cosas y dejar atrás todo esto. Me gustaría intentarlo.

Sam no reaccionó; se quedó mirando fijamente al espacio por un momento. Sin siquiera establecer contacto visual con Angela, me miró a mí.

—Quiero el divorcio. Nos hemos alejado, y ella no es la mujer con quien me casé. Sé que esto duele, pero creo que realmente he encontrado mi alma gemela. No puedo regresar a Angela ni a las cosas del bebé. Y realmente no creo que pueda renunciar a Sheila en este momento. Mire, esto le da a Angela razones bíblicas para el divorcio. Yo tengo la culpa.

—Yo no quiero razones—respondió Angela—; quiero que mi esposo regrese. Quiero que honre su pacto; quiero un padre que viva con su hija. ¿Cómo puedes sencillamente irte?

Angela estaba sentada totalmente desconcertada. Sam se llevó sus cosas al día siguiente.

La satisfacción matrimonial desciende de modo importante para muchas parejas después del nacimiento del primer bebé. Puede ser un evento que envíe a una pareja ya desconectada por un camino de problemas. Cuando una pareja carece de amistad y de intimidad antes del nacimiento, el nuevo bebé puede ampliar más la distancia que existe ya entre ellos.

Otras razones para las aventuras amorosas

Los terapeutas saben que cerca de la mitad de toda terapia matrimonial implica una aventura amorosa extramatrimonial. Sin embargo, un cónyuge puede que no sepa que se está produciendo una aventura. Sean las aventuras secretas o al descubierto, son dañinas y crean una importante crisis familiar.

El nacimiento de un bebé (u otros eventos de la vida) es solamente una de muchas razones por las cuales las personas tienen aventuras amorosas. Las aventuras normalmente comienzan con amistad. El tiempo que se pasa juntos aumenta la oportunidad de construir intimidad, así que con frecuencia se escoge a compañeros de trabajo. Las parejas que están emocionalmente distantes y no hablan son vulnerables. Normalmente, una persona herida conoce a otra persona herida, y se comparte una necesidad de intimidad. Típicamente, el sexo ayuda a los hombres a sentirse viriles y fomenta su ego, mientras que las mujeres buscan a alguien que las quiera y las aprecie. Las parejas más jóvenes corren un mayor riesgo.

Las personas que tienen aventuras amorosas generalmente creen que están equivocadas. Obviamente, creer que una aventura amorosa es moralmente incorrecta no detiene a todos. Aunque los datos de los estudios indican que un 15 por ciento de mujeres y un 25 por ciento de hombres *confiesan* "haber caído", no es la conducta universal que nuestra cultura pop y de la comunicación parece describir.[1] Las aventuras amorosas no son la conducta normativa.

Las aventuras que están emocionalmente basadas o que tienen intimidades sexuales limitadas, además del acto sexual, constituyen cerca del 20 por ciento de todas las personas que admiten haber sido infieles. Más hombres tienen aventuras, pero las mujeres están ganando terreno.[2]

Existe un doble estándar cuando se trata de las aventuras amorosas. El divorcio es más probable cuando es la mujer quien tiene la aventura. Las mujeres infieles se consideran más negativamente que los hombres infieles en muchas culturas, incluyendo la nuestra.

Normalmente, las aventuras son alimentadas por:

* Insatisfacción matrimonial
* Problemas familiares
* Amistades que se han vuelto demasiado cercanas
* Enamorarse de otra persona
* Separación física
* Declive espiritual en la relación íntima con Dios
* Deseo de satisfacción sexual
* Búsqueda de identidad y autoestima
* Conveniencia y estimulación sexual
* Valores liberales
* Escape de la realidad
* Rebelión
* Influencia satánica
* Deseo de diversión vs. el trabajo del matrimonio
* Problemas de intimidad
* Necesidad de sentirse amado o apreciado

Quienes se resisten a las aventuras amorosas lo hacen debido a:

- Compromiso con el pacto matrimonial
- Fuerte confianza establecida con la pareja
- Valores religiosos
- Estándares morales
- Evaluación de las consecuencias negativas (potencial daño al matrimonio)
- Riesgo de enfermedades de transmisión sexual (de modo increíble, el temor a contraer el SIDA no se ha identificado como un disuasivo)[3]
- Una fuerte relación personal con un Dios íntimo
- Sano sentimiento de identidad propia, madurez y autoestima

¿Le sorprendería saber que la mayoría de los cónyuges infieles no se divorcian a fin de casarse con la persona con la cual tuvieron una aventura amorosa? Con frecuencia, la aventura es un síntoma de subyacente infelicidad matrimonial, y empuja al cónyuge fuera de la relación. O la aventura misma causa infelicidad matrimonial.

Tampoco es cierto que las aventuras se traten de practicar un sexo estupendo. La otra persona no es necesariamente mejor parecida o mejor en el dormitorio. Las aventuras se tratan más de amistades y de unidad emocional. El sexo no es normalmente el principal propósito de una aventura. La amistad y la cercanía lo son.

La odiada "otra mujer" no embaucó a su cónyuge para tener una aventura. Las aventuras son una conducta decidida. Rara vez las personas se ven obligadas a tener una aventura amorosa. Así que deje de culpar a la tercera parte por haber persuadido a su cónyuge contra su propia voluntad, pues es cosa de dos.

En efecto, la infidelidad es destructiva y causa un gran daño a los matrimonios. Sin embargo, una aventura amorosa no tiene por qué ser una sentencia de muerte. Esa creencia es un mito. Quizá la mayor mentira espiritual sea que una aventura *demanda* el divorcio. Después de todo, el adulterio es una salida bíblica; por tanto, ¿por qué no tomarla? Han obrado mal con usted; ¿por qué quedarse con alguien que le traiciona? Usted se merece algo mejor. Tiene derecho al divorcio.

VERDAD 8 — Las aventuras amorosas son graves y dañinas, pero no están por encima de la restauración y la reconciliación.

Las aventuras amorosas son normalmente sintomáticas de problemas matrimoniales más profundos: típicamente, problemas que existían antes de la aventura. Obviamente, la aventura añade aún más problemas. Aunque yo nunca diría que las aventuras ayudan a fortalecer un matrimonio, diré que solucionar una aventura puede llevar a una pareja a un nuevo nivel de intimidad. El divorcio no es el resultado inevitable.

Durante mis veinte años de práctica, he visto numerosas parejas que han arreglado sus problemáticos matrimonios después de la destrucción de una aventura amorosa. Con la ayuda de Dios, el perdón, el arrepentimiento, un entendimiento de lo que causó la aventura, y estar dispuesto a solucionar los problemas mediante la terapia matrimonial, los matrimonios pueden atravesar el proceso de infidelidad y salir fortalecidos y con un nuevo compromiso. El problema es que muchas parejas cristianas son renuentes a trabajar en el perdón seguido de reconciliación. Toman su salida bíblica y corren con ella.

Recuerde que el divorcio nunca se ordena ni siquiera se fomenta en la Biblia; pero sí el perdón y la reconciliación. Algunas parejas cristianas que he tratado no parecen ser nada diferentes a otras parejas seculares a la hora de tratar con un matrimonio dañado. Utilizan su legítima justificación para abandonar. Con frecuencia están dispuestos a perdonar, pero la reconciliación es otro asunto.

Debido a que usted experimenta perdón de un Padre amoroso, puede perdonar a su cónyuge, hasta por una aventura amorosa. El perdón es un paso crucial en el proceso de sanidad, pero se necesita algo más. Más allá del perdón está la reconciliación.

Las aventuras son traumáticas: la admisión

Rhonda nunca había visitado a un terapeuta antes de que su esposo anunciara que tenía una aventura amorosa con otra mujer. El golpe de esa revelación fue enorme. Ella repetidamente se preguntaba: "¿Cómo no vi las señales y fui tan ingenua? ¿He estado negando nuestros problemas matrimoniales?".

Rhonda no se consideraba a sí misma dada a la ansiedad; sin embargo, desde aquella revelación ha tenido varios ataques de ansiedad. Podía estar haciendo la colada y de repente sentir que se quedaba sin respiración; o podría estar leyendo un libro y sentir que su corazón latía con mucha fuerza y le sudaban las manos. Ver televisión podría ponerla en un estado de agitación, en especial si el programa contenía alguna referencia a una aventura extramatrimonial. El sueño la eludía; no tenía apetito y perdía peso con rapidez.

Aunque su esposo afirmaba haber dejado de verse con la otra mujer, Rhonda se sentía incómoda y profundamente traicionada. Veía que pensaba obsesivamente en la otra mujer teniendo conversaciones íntimas con su esposo. Cuando cerraba los ojos, se imaginaba a su esposo agarrando de la mano a esa mujer y acariciándola. Rhonda se encontró a sí misma supervisando cada movimiento de su esposo. Las pequeñas cosas le molestaban; se volvió muy suspicaz; no podía librarse de la imagen mental de su esposo en la cama con otra mujer. Pensamientos molestos inundaban su mente; Rhonda sentía como si lo estuviera perdiendo; necesitaba contarle todo eso a un terapeuta para comprobar si se estaba volviendo loca.

Cuando se descubre una aventura amorosa, es común tener reacciones como las de Rhonda. Los ataques de ansiedad y otros síntomas son respuestas normales a la ruptura del pacto matrimonial. De muchas maneras, las reacciones del cónyuge que no ha caído son similares a los síntomas de estrés pos-traumático relacionados con el abuso emocional, físico y sexual. La realidad de una aventura despierta un profundo sentimiento de pérdida. A veces, uno puede sentir que se está volviendo loco; eso es normal.

Las parejas que tratan una aventura fuera del matrimonio tienen índices de depresión más elevados que las parejas que acuden a la terapia matrimonial por otras razones.[4] Algunos cónyuges hasta tienen pensamientos suicidas. También es común tener una furia homicida hacia el amante.

Dada esa intensidad e inestabilidad emocional, la seguridad de las personas implicadas siempre debe considerarse. Mientras que no todas las personas actuarán según sus intensos sentimientos de traición y furia, el riesgo es real. Si escucha las noticias de la noche, tendrá una vislumbre de lo que las personas traicionadas pueden llegar a hacer.

Es importante saber que usted no se sentirá así siempre. De hecho, lo que siente es válido dadas las circunstancias. La intensidad es más fuerte cuando la aventura se descubre debido a la realidad del engaño y la traición. La meta es manejar esos intensos sentimientos a fin de no llegar a quedar incapacitado por ellos. Dé los siguientes pasos:

- Permítase sentir cualquier sentimiento que llegue.
- No niegue la intensidad de sus emociones.
- Trabaje con un terapeuta que pueda ayudarle a expresar lo que siente y ayudarle a manejar esos sentimientos.
- Derrame su corazón ante Dios. Él oye su dolor, y promete consolarlo aun en momentos difíciles.

En cuanto al que ha traicionado, no puede usted evitar hablar sobre lo que sucedió. Querrá evitar el tema y se tambaleará con cada mención de la aventura y el dolor que causó. Eso es parte de la cruz que usted soporta inicialmente: ver cómo la elección que hizo tiene impacto en su pareja.

Consecuencias espirituales

Usted no solamente sufre emocionalmente debido a las aventuras, sino que también la intimidad espiritual se ve obstaculizada. Las aventuras amorosas son claramente pecado, y participar en esa conducta es pecar deliberadamente contra la ley de Dios. Hasta que ese pecado sea confesado y se produzca un verdadero arrepentimiento, una persona no puede ser libre para tener una vibrante vida cristiana. Con frecuencia resultan síntomas psiquiátricos cuando lleva usted el peso del pecado no confesado.

Mi experiencia me ha enseñado que las aventuras amorosas deben sacarse a la luz honestamente a fin de que una pareja tenga una oportunidad de reconciliarse. Un mito es que si usted habla sobre la aventura, la persona le abandonará. En realidad, no hablar de ello aumenta la probabilidad de divorcio.

Cuando oigo a alguien decir: "Nos hemos distanciado. Sencillamente ya no podemos comunicarnos. Somos personas diferentes", me pregunto si habrá una aventura amorosa encubierta. En muchos casos, los matrimonios terminan sin que la verdad de la infidelidad salga nunca a la superficie. El pecado oculto obstaculiza la sanidad; por tanto, el primer paso es admitir el pecado.

Después de la admisión de una aventura

Dan quedó devastado. Su esposa, Susan, debía estar en Cleveland por negocios; en cambio, la vieron de vacaciones en las Islas Vírgenes con un compañero de trabajo. La traición lo agarró por sorpresa; no podía creer que Susan arriesgara sus diez años de matrimonio por otro hombre.

Dan llamó a un terapeuta. Susan admitió la aventura; se disculpó mucho y cortó todo contacto con el otro hombre. El daño y la ira que había en el rostro de Dan era difícil de soportar. Susan esperaba que después de haberse disculpado y admitido su pecado, Dan se sobrepondría a la aventura. Sentía que al poner fin a la relación, ella había dado señales a Dan de que quería reconciliarse.

Pero Dan no podía dejar de pensar en la traición; se vio a sí mismo obsesionándose por el otro hombre. Se preocupaba de que Susan volviera a serle infiel, y luego se sentía culpable. Susan se había disculpado una y otra vez, prometiendo no volver a tener nunca otra aventura. Ella regresó a la iglesia, habló con el ministro, y se puso a sí misma bajo la responsabilidad de un grupo de mujeres. Pero la ansiedad de Dan no le dejaba dormir.

Dan comenzó a sentir que Susan estaba enojada con él por no sobreponerse a la aventura. Susan dijo: "Olvida que alguna vez sucedió. ¿Por qué sigues hablando de ello cuando ya ha terminado?". Ella estaba frustrada por la ansiedad nerviosa de él siempre que sonaba el teléfono en la noche, y resentía sus constantes preguntas.

Dan y Susan representan a muchas parejas que están atascadas en las secuelas de una aventura amorosa. Piensan que simplemente porque se haya reconocido la aventura, las cosas deberían regresar al modo en que eran antes; no reconocen los traumatizantes efectos posteriores que son parte del proceso. Tampoco han tratado los problemas matrimoniales que culminaron en una aventura amorosa.

Dan nunca reconoció realmente sus sentimientos en cuanto a la infidelidad. Tenía demasiado temor de que Susan abandonara el matrimonio. Se sentía vulnerable debido a su dependencia económica del salario de ella. Históricamente, él evitaba el conflicto matrimonial; fingía creer que todo iba muy bien aun cuando no era así.

Susan se había disculpado, pero mostraba pocos remordimientos. Había roto el pacto matrimonial, y esperaba que Dan se sobrepusiera con mucha más rapidez; no entendía el trauma que su esposo experimentó o que la disculpa no era suficiente.

Susan necesitaba:

- Compartir sus sentimientos de remordimiento más de una vez.
- Permitir que Dan la cuestionara.
- Dar seguridad a Dan tal como lo necesitara.
- Identificarse con el dolor que sus actos causaron a Dan.
- Entender que las reacciones de Dan eran normales.
- Aprender a compartir sus emociones, incluyendo su temor que Dan pudiera abandonarla.
- Ser paciente; su esposo necesitaba tiempo.
- Identificar lo que hizo que ella se alejara de la relación y hacer cambios.

Dan necesitaba:

- Tener tiempo para procesar, hablar y explorar sus sentimientos más profundamente.
- Asegurarse que sus síntomas similares a los de estrés postraumático (dificultad para dormir y concentrarse, hipervigilancia e intolerancia de cosas que traían recuerdos de la aventura) eran normales.
- Tener permiso para cuestionar a Susan siempre que necesitara seguridad.
- No sentirse culpable cuando necesitara hablar más sobre lo que sucedió.
- Comenzar a tratar su evasión del conflicto y sus problemas de dependencia.

La admisión de la infidelidad es solamente el primer paso en un largo proceso. La traición hace surgir complicadas emociones, las cuales normalmente no se desvanecen sin que haya un trabajo adicional. Disculparse una vez nunca es suficiente para cubrir las reacciones de la pareja. Su pareja necesita perdonar, pero también procesar sus reacciones con el paso del tiempo. Quien cometió la ofensa necesita ser paciente, sentir remordimiento y ser humilde.

La persona que tuvo la aventura necesita aceptar preguntas sobre lo que sucedió y tolerar la nueva hipervigilancia durante un tiempo. Se necesita tiempo para restaurar la confianza. El otro cónyuge se preocupa por si vuelve a producirse la traición una segunda vez. La persona traicionada piensa: "Si sucedió una aventura una vez y yo no lo supe, ¿no podría pasar de nuevo sin yo enterarme? Es mejor que esté en guardia. Debo prestar atención a cualquier signo a fin de no ser engañado otra vez".

Pasos a dar después de la admisión

Paso 1: Detener la aventura, y establecer la regla de "no contacto".

Si su cónyuge no puede estar de acuerdo en este paso, él o ella no puesto fin a la aventura por completo. Normalmente eso significa que el cónyuge es ambivalente en cuanto a la reconciliación; puede que tenga dudas o que no esté dispuesto a dejar la aventura por la incertidumbre del matrimonio.

Si la tercera parte trata de ponerse en contacto con su cónyuge, siga esta pauta. Su cónyuge compartirá la información y qué pasos dio para poner fin al contacto. El contacto debe terminar, o no se podrá seguir adelante.

Paso 2: Reconocer que los sentimientos relacionados con la crisis son reales y difíciles.

No minimice los sentimientos o trate de aplastarlos. Ansiedad, tristeza, depresión y furia son reacciones comunes, como mencioné antes, y necesitan ser manejados y tolerados de momento.

Paso 3: Relatar la historia.

A pesar de lo doloroso que esto sea, yo normalmente defiendo que la persona que ha tenido la aventura relate lo que sucedió a la vez que permite al cónyuge hacer preguntas. El momento y la planificación pueden organizarse con un terapeuta. El tipo y la profundidad de las preguntas difieren de persona a persona. Algunas personas quieren saber todos los detalles; otras no quieren saber mucho debido a las imágenes mentales que aparecen. Las personas varían en su necesidad de saber detalles y eventos. El cónyuge culpable necesita permitir que haya preguntas y respuestas con veracidad y sinceridad.

Hay terapeutas que estarán de acuerdo en mantener una aventura en secreto mientras se le pone fin. En la fe cristiana, la directiva bíblica es confesar el pecado los unos a los otros. El pecado de infidelidad es contra su cónyuge; usted ha roto el pacto que le implica a usted, a su cónyuge y a Dios. Así, la confesión es necesaria si ha de producirse la sanidad.

No fingiré que esta confesión es fácil de hacer. El temor obvio es que el cónyuge abandone o se divorcie porque tiene razones legítimas. Yo he visto suceder eso. Es el riesgo que usted corre porque no puede vivir con pecado oculto.

También he visto a cónyuges cristianos utilizar la confesión para ganarse la simpatía de amigos y para seguir adelante con el divorcio aun cuando su pareja quiere reconciliarse. Un cristiano no debe difamar a su pareja ante la comunidad cristiana, y debe hacer todo esfuerzo posible para reconciliarse. Si su cónyuge se niega a la reconciliación, no hay mucho que se pueda hacer; sin embargo, necesita usted estar abierto a la idea.

Paso 4: Comenzar a identificar lo que le hizo vulnerable a una aventura.

Esto no significa que se esté excusando o justificando la aventura. La persona que la tuvo es responsable de su propia conducta, pero es importante descubrir qué pudo haber conducido a esa conducta para que esos problemas puedan solucionarse, repararse y prevenirse.

La persona que tuvo la aventura sigue siendo responsable y está equivocada, pero conocer la causa ayuda al proceso de reparación y puede prevenir futuros problemas. Por ejemplo, ¿fue la aventura espontánea, una cesión momentánea a la tentación ayudada por el alcohol o las drogas? ¿Se permitió debido a una necesidad de experimentar o a una actitud permisiva? ¿Fue una reacción malsana al estrés de la vida: problemas no resueltos, falta de intimidad, problemas de desarrollo, problemas no resueltos de la niñez, expectativas, poder, derechos, control o disfunción sexual? ¿Implicó amor romántico e implicación emocional o patrones repetitivos de adicción sexual y pornografía? Descubrir la raíz de los problemas le ayuda a saber lo que ha de ser corregido.

Paso 5: ¿Qué significó la aventura en la relación?

Por ejemplo, ¿fue la aventura una manera de evitar responsabilidades? ¿Fue un acto de derecho por una vida muy mala? ¿Fue algo que los hombres hacen y las mujeres tienen que aceptar? ¿Fue una manera de hacer daño a su pareja después de haber sido herido? ¿Fue una reacción al descuido de su relación con Dios? Cualquiera que sea el significado de la aventura, corrija el problema o la perspectiva equivocada.

Paso 6: Perdonar.

Como mencionamos antes, las personas se confunden sobre la diferencia que hay entre perdón y reconciliación. No son lo mismo. El perdón es algo que usted hace por sí mismo; el perdón no siempre significa que se reconciliará; no significa que usted está diciendo que lo que la persona hizo no es incorrecto. Significa que está dispuesto a soltar una ofensa sin importar lo que sucediera. Bíblicamente, usted es llamado a hacer eso, y es vital para su crecimiento cristiano y condición espiritual. La falta de perdón conduce a la amargura, y la amargura trae calamidad a su cuerpo y su alma.

Usted perdona a otros no porque ellos lo merezcan, sino porque Cristo le perdonó a usted, y es la manera de hacer las cosas. El perdón libera a la persona de la ofensa y lo libera a usted de agarrarse a la ofensa. El perdón no es siempre instantáneo; el resultado de una aventura sana con el tiempo y la reconstrucción de la confianza.

Cuando usted perdona, suelta la emoción negativa (ira, resentimiento, daño) y los sentimientos negativos (juicio) hacia la persona que le hizo daño. El perdón es un regalo incondicional para quienes puede que no lo pidan ni lo merezcan.

Paso 7: Liberar a la persona del juicio.

En la esfera natural, esto es difícil de hacer. Usted quiere que su cónyuge pague por el dolor que causó. Nuestra cultura hace énfasis en el juicio, y la iglesia no es una excepción. Su cónyuge sufrirá consecuencias, pero no le corresponde a usted juzgar a la persona continuamente y lanzarle a la cara la aventura. Dios es el juez; deje que Él haga su trabajo, y usted haga el que le corresponde: trabajar en el perdón y dejar atrás este traumatizante evento.

Paso 8: Reedificar el romance y el interés.

Trate de recordar momentos de atracción, interés y amabilidad. Reedifique la amistad que puede haberse perdido a lo largo del camino. Decida decirle cosas positivas y amorosas a su pareja, no por culpabilidad sino porque debe volver a edificar respeto e interés. Cuanto más fuerte sea su amistad, más fácil será reconstruir la relación. Usted tiene que volver a descubrir al hombre o la mujer que le atrajo en un principio. Enfóquese en los puntos positivos y edifique sobre ellos. Eso no significa que ignore lo que ha sucedido y deje de hablar de ello; sencillamente significa que tiene que renovar el romance en la relación. Salgan a cenar fuera, hablen delante de la chimenea, pasen tiempo juntos haciendo algo que les guste, y preste atención a la vida emocional de su cónyuge. Una vez más, eso requiere tiempo y al principio será un poco incómodo.

Paso 9: Avanzar hacia la reconciliación.

La reconciliación es un proceso entre dos personas que va más allá del perdón. Una persona puede perdonar, pero son necesarias dos para reconciliarse. Puede que tenga que zanjar diferencias —acordar estar en desacuerdo en algunos puntos, aceptar a un individuo con fallos, y trabajar duro para enmendar las partes rotas de la relación—, pero puede hacerse.

Excepto en casos de daño continuado o infidelidad repetida o sin arrepentimiento y dureza de corazón, la reconciliación —no el divorcio— debería ser la meta. La reconciliación requiere una mutua restauración de confianza entre dos personas que se produce mediante conductas dignas de confianza. El perdón es parte de la reconciliación.

No es suficiente con resolver diferencias o perdonar. Jesús nos dice que nos reconciliemos los unos con los otros (Mateo 5:24), que restauremos nuestras relaciones, y que vivamos en unidad juntos siempre que sea posible. Él promete restaurar los años que la langosta se ha comido (Joel 2:25), lo cual se refiere a la gracia de Dios después de que haya arrepentimiento. Confíe en Dios. Cuando la confesión se hace sinceramente y un cambio de conducta demuestra el arrepentimiento, Dios puede hacer cosas milagrosas. Pero ambas partes tienen que estar dispuestas a reconciliarse.

Servimos a un Dios que "es poderoso para hacer mucho más abundantemente de lo que pedimos o entendemos" (Efesios 3:20). Dios está en la empresa de restaurar lo que está roto y hacerlo nuevo. No renuncie a su relación debido a una aventura amorosa. No se crea el mito que le dice que su matrimonio terminará en divorcio. Niegue ese mito. Pida a Dios que le dé un amor totalmente nuevo, más fuerte que antes.

Hace unos veinte años, oí un sermón del psicólogo Richard Dobbins, presidente del ministerio Emerge Ministries, que ha impactado a muchas personas. Él desafió a las personas a orar por recuerdos molestos que con frecuencia permanecen después de que ocurra algo vergonzoso; se estaba dirigiendo a personas que habían confesado pecado y se habían arrepentido pero que estaban batallando para ser liberados de la culpa, pensamientos molestos y/o vívidos recuerdos.

Usted puede arrepentirse de errores del pasado pero seguir estando plagado de culpabilidad que no le lleva a ningún otro lugar sino la autocondenación. El Dr. Dobbins oró para que los recuerdos fueran sanados y las personas fueran liberadas del reproche a sí mismas. Las personas llenaron el frente llorando, y muchos fueron liberados de años de autocondenación. No era que el pecado fue perdonado; era que ya no tenía el poder de avergonzar y producir una culpabilidad inadecuada.

Fue durante ese evento que finalmente yo comprendí que cuando Dios cubre un pecado, lo borra.

> *Ahora, pues, ninguna condenación hay para los que están en Cristo Jesús, los que no andan conforme a la carne, sino conforme al Espíritu. Porque la ley del Espíritu de vida en Cristo Jesús me ha librado de la ley del pecado y de la muerte.*
>
> —*Romanos 8:1-2*

¡Qué regalo!

Es posible que Dios le libere (una vez que usted haya pasado por el proceso de reconciliación) de pensamientos molestos relacionados con aventuras amorosas del pasado. En Dios, *el pasado* no es un prólogo del *futuro* debido a la cruz del Calvario y la resurrección de Jesucristo. Eso es algo radical cuando lo piensa. Usted no solo puede ser perdonado y reconciliado, sino que también puede ser liberado de la culpabilidad y la condenación persistentes.

Por tanto, si ha experimentado una aventura amorosa en su matrimonio, es posible sobrevivir a ella, reparar la rotura, y ser liberado de la culpabilidad. La verdad es que todas las cosas rotas pueden ser reparadas primeramente mediante la relación que usted tiene con Cristo, y después con su cónyuge. No crea el mito de que un pacto roto está más allá de la restauración.

Estrategias para un matrimonio sano

Hágase las siguientes preguntas si está teniendo una aventura amorosa o no está seguro de si ha cruzado la línea. Luego dé los pasos bosquejados en este capítulo para reparar el daño causado por una aventura y traer reconciliación a la relación.

- ¿Cómo se sentiría mi cónyuge si lo supiera?
- ¿Serían mi conducta o mis pensamientos una traición de la confianza en mi matrimonio?
- ¿Son agradables a Dios mi conducta y mis pensamientos?

La persona que tuvo la aventura necesita:

- Admitir la aventura.
- Detener todo contacto con la tercera parte.
- Relatar la historia y permitir que su pareja hable de ello y haga preguntas.
- Identificarse con el dolor que usted ha causado, pero no vivir en condenación si se ha arrepentido verdaderamente.
- Reestablecer la intimidad espiritual con Dios.
- Llegar a la raíz de su conducta a fin de prevenir una futura traición.
- Ser paciente con el proceso emocional de su cónyuge.
- Pedir a Dios que le dé un nuevo amor por su cónyuge.
- Comenzar a reconstruir el amor y la amistad.
- Pedir a Dios que le libere de la culpabilidad que queda y de los pensamientos molestos de la aventura.
- Reconciliarse.

La persona que ha sido traicionada necesita:

- Entender que los sentimientos de trauma son normales y no permanecerán para siempre.
- Ser libre para reconocer esos sentimientos.
- Pedir seguridad siempre que sea necesario.
- Hacer preguntas cuando sea necesario.
- Explorar y resolver los problemas en la relación que condujeron a la aventura o que fueron causados por la aventura.
- Perdonar (puede que sea un proceso que tome tiempo).
- Liberar al cónyuge de juicio.
- Estar dispuesto a reconciliarse a menos que haya problemas de seguridad o una traición continuada que haya que abordar.
- Soltar la autocondenación.
- Reedificar el amor y la confianza perdidos.

Ambos deben estar dispuestos a hablar de la aventura y querer la reconciliación. Si se niega usted a la reconciliación, no está en consonancia con la manera de pensar de Dios. Usted es responsable de querer algo que Dios no quiere: el divorcio.

CAPÍTULO 11

Gracia barata

Yo confronté por primera vez el concepto de gracia cuando era una adolescente. Oh, no me malentienda; muchas veces se me mostró gracia durante mi niñez; pero no fue hasta llegar a la adolescencia cuando comprendí que la gracia de Dios puede ser manipulada para beneficio personal.

La tentación a pecar parecía estar siempre presente durante mis años de adolescencia y juventud; ser buena no era tarea fácil. Un día caminaba por el camino recto y estrecho de la vida cristiana; al día siguiente estaba lista para salir de fiesta. Cualquiera que fuese el curso de la semana, parecía que yo (y el resto de mi grupo de jóvenes) siempre terminábamos en el mismo lugar las noches de los domingos: el altar. Dios y yo teníamos que hablar seriamente.

Después de meses de ese ritual de los domingos, los viajes al altar se convirtieron en algo automático. Pronto me di cuenta que podía hacer lo que yo quisiera durante la semana porque la noche del domingo era la noche de la gracia. Unas cuantas lágrimas derramadas en el altar mezcladas con confesión absolvían mis pecados semanales. El lunes era un día nuevo. Si yo caía durante la semana, no suponía mucho porque llegaría la noche del domingo.

Mi plan parecía práctico. Yo podía aplicar la gracia de Dios el domingo para una semana de caos. Ya que Dios me perdonaría, no importaba lo mucho que yo cayera. Ser buena era un trabajo duro, y a veces estaba por encima de lo que yo creía que era posible. Después de todo, yo era una adolescente. ¿Acaso alguien esperaba en realidad que yo fuera perfecta? Y Pablo dijo en el libro de Romanos que donde el pecado abunda, abunda también la gracia. ¡Mi grupo de jóvenes proporcionaba a Dios múltiples oportunidades de mostrar gracia!

Como adultos, muchos de nosotros no hemos crecido mucho por encima de ese modo de pensar adolescente. Tenemos una perspectiva igualmente distorsionada de la gracia; seguimos pensando que no importa lo que hagamos porque la gracia de Dios es un pase libre. Utilizamos su regalo para racionalizar nuestra conducta.

La gracia barata le comprará un costoso divorcio

"Sé que no está bien divorciarse, pero Dios me perdonará."

"El divorcio no es el pecado imperdonable."

"Está bien que me divorcie. La gracia de Dios me cubrirá."

Esta lógica ha sido aplicada a numerosos matrimonios. El divorcio es una estrategia intencionada y utilizada para poner fin a una relación infeliz. Después de que se produce el divorcio, comienza la conversación sobre la gracia. En otras palabras: divorcio ahora y tratar con ello después. "Después" se trata de lo que *Dios* hará; ¿pero qué de lo que *usted* hará antes del divorcio? ¿Puede hablar sobre la gracia de Dios de antemano? Cuando yo trato de hacerlo con frecuencia soy rechazada. ¿Por qué? Porque algunas personas no quieren dar la gracia de Dios durante las dificultades, solamente después de que han escapado a ellas. ¿Le resulta familiar? ¡Entonces este capítulo es para usted!

El divorcio es perdonable. Nadie discutirá este punto. Y la gracia de Dios cubre el pecado. Hay incontables ejemplos de esto en la Biblia. Se muestra gracia a asesinos, calumniadores, avaros, rebeldes e injustos, por mencionar solamente unos cuantos. Oiga, comparado con el asesinato, el divorcio apenas parece ser algo importante. Pero la gracia con frecuencia se malinterpreta, y sin duda se aplica mal cuando las personas la utilizan para justificar sus actos. Demasiadas personas utilizan la gracia como licencia para ser desobedientes.

La gracia fue el ticket de salida de Addy

Addy quería abandonar su matrimonio. Ya había tenido suficiente con Austin; él era un adicto al trabajo que la empujaba a hacer más de lo que ella sentía que era razonable. Addy era una exitosa oradora motivacional a quien regularmente llamaban durante el año. Austin sentía que Addy podía ganar más dinero si él la empujaba un poco más.

Él empujaba, y ella se lo permitía. Estuvo de acuerdo con el apretadísimo calendario, pero terminó agotada y enojada. Addy no le dijo a Austin cómo se sentía, sino que comenzó a culparle de su infelicidad. Permitió que creciera el resentimiento.

Las cosas pequeñas comenzaron a molestarla. Como aprendió usted en anteriores capítulos, su resentimiento se convirtió en sentimientos de desprecio; su pensamiento recurrente era: "No me merezco esto. Dios quiere que sea feliz, y no soy feliz. Austin es terco, y yo no puedo luchar con él. Necesito irme".

Cuando Addy acudió a terapia, ya había decidido abandonar a Austin; no quería hablar de cuál era su propio papel en su drama de infelicidad: su incapacidad de decir no, acordar cosas cuando no quería hacerlo, mantener en secreto sus sentimientos y el resentimiento almacenado. Sus problemas podían resolverse si ella sencillamente los admitía.

Pero como muchas personas infelices hacen, ella no los admitió. Escogió culpar a su cónyuge y creer que su única esperanza de felicidad dependía de escapar de la relación.

Addy y Austin estaban encerrados en un patrón destructivo. Él empujaba; ella estaba de acuerdo en silencio. Él empujaba más, y ella acumulaba resentimiento. El ciclo continuó hasta que Addy salió de la relación emocionalmente. Ella ya no quería estar casada.

Cuando Austin llegó a la sesión, quedó cegado por el creciente desprecio que Addy sentía por él. En los meses anteriores él había notado su creciente irritabilidad y distancia, pero supuso (de modo incorrecto) que la conducta de ella se debía al estrés familiar continuado.

Addy le dijo: "Tú nunca eres consciente de lo que sucede conmigo porque siempre estás tan obsesionado con el éxito. Estoy cansada de ti y de este matrimonio. Nada va a cambiar y, francamente, no tengo la energía o el deseo de que las cosas cambien. Me voy".

En una sesión en privado le pregunté a Addy cómo podía adoptar esa postura dadas sus convicciones espirituales. Yo entendía su creciente frustración y el cambio en sus sentimientos, pero no entendía su falta de disposición para trabajar en los problemas. El desprecio que sentía por Austin, en parte, lo había creado ella; y Austin quería trabajar en los problemas que tenían.

Pero Addy estaba enojada. "Sé que no soy perfecta, y usted no tiene que recordarme eso. Prefiero trabajar en mis propios problemas yo sola. Austin es demasiado autoritario e insensible con las mujeres; es de la vieja escuela: dominante e entrometido. Tengo amistades con hombres que me comprenden y son mucho más sensibles a mis necesidades. No se preocupe, no ha sucedido nada sexual, pero emocionalmente veo lo que me estoy perdiendo. Se que no debería divorciarme, pero Dios quiere que sea feliz y me perdonará. Usted y otros siempre hablan sobre la gracia de Dios; bien, ahora yo la necesito, así que la tomaré. Quiero abandonar. Este no es el pecado imperdonable."

Tristemente, el punto de vista de Addy sobre la gracia ha impregnado los matrimonios cristianos: "Puedo utilizar la gracia de Dios como yo quiera". Normalmente, la idea es algo similar a esto: "No quiero seguir estando casado con esta persona."

No son casos de abuso, infidelidad o abandono. Son personas que sencillamente quieren abandonar debido a infelicidad personal. Y su concepto de la gracia de Dios es el ticket de salida.

"Aprovecharé mis oportunidades"

Tom y Jane estaban sobre terreno arenoso. Tom vivía solo en un apartamento porque tenía una aventura amorosa con su novia, Robin. Tom no tenía interés alguno en la reconciliación con su esposa. Robin, también separada de su esposo, estaba terminando los detalles de su propio divorcio.

La esposa de Tom, Jane, no quería el divorcio; ella quería que su esposo recuperara el sentido común y dejara a la novia, pero él no estaba interesado en hacer eso. En cambio, quería el divorcio.

La historia de Tom resulta demasiado familiar. Él había sido infeliz con Jane durante años; los dos se peleaban y se "apartaron" (ver mito 5). Mientras tanto, Tom conoció a Robin en el trabajo y comenzó una relación íntima con ella; creía que había encontrado su alma gemela y que debería dejar a su esposa. Tom comprendía que no tenía razones bíblicas para hacerlo, pero afirmaba que estaba enamorado de otra mujer, así que le dijo a Jane que no podía vivir sin ese amor recién encontrado.

Tom concluyó su historia y me dijo: "¿No cree que Dios tiene suficiente gracia para cubrirme? Sé que no debería haber tenido una aventura; sencillamente sucedió". (Lo siento, las aventuras no suceden sencillamente; ver el capítulo 10). "De todos modos es demasiado tarde. Amo a Robin, y ahora finalmente sé lo que es tener una relación de amor, y no quiero regresar atrás. Espero que usted y otros lo comprendan y me muestren gracia en todo esto."

En contra de mi consejo, Tom abandonó a su esposa. Encontró una iglesia que apoyó su decisión y nuevos amigos que racionalizaron su conducta. Nunca se arrepintió ante su esposa o sus hijos. "Simplemente tengan un mejor entendimiento de la gracia", les dijo a ellos. Y lo mismo me dijo a mí.

Esta aplicación de la gracia es manipuladora. Pecar conscientemente, esperando que Dios lo cubra, es distorsionado. Tom hizo mal en tener una aventura amorosa; e hizo incluso más mal al continuar con ella valientemente. Aun así, la gracia de Dios estaba a su disposición si él tenía remordimientos y se arrepentía. En cambio, él siguió el deseo más inmediato: su novia. No solo rompió su matrimonio y el de su novia, sino que también fueron afectados cinco niños. Tom utilizó la gracia para justificar sus actos; su voluntaria desobediencia fue el problema que se negó a abordar.

Pienso en los muchos matrimonios con un elevado perfil cristiano que ahora se unen a las filas del divorcio, y me siento turbada por las razones, al menos las razones que se dan públicamente, para justificar el divorcio. Todas ellas son variaciones sobre un tema, el tema del divorcio: "Es mejor de esta manera. Dios lo entiende y quiere que yo sea feliz. Es la voluntad de Dios. Nos irá mejor separados que juntos. Ahora puedo identificarme con el dolor de otros. Cometimos un error. Nos queremos, pero no podemos vivir juntos". Es todo un paquete de mentiras culturales. Esas personas las han creído; y con frecuencia hacemos lo mismo el resto de nosotros.

Las excusas para el divorcio están tan fuera de base como las reacciones de los cristianos al divorcio: "Mira, fulano de tal es humano. El divorcio no hará daño a la larga a su ministerio. Ya no es para tanto; muchos cristianos se divorcian. La iglesia lo entiende. No lo pienses dos veces. El divorcio te hace ser una mejor persona. Somos solamente humanos. No es para tanto".

Sí es para tanto.

Hemos aprendido a conformarnos a la cultura. Hemos sido insensibilizados al poder destructivo del divorcio. Ocurre con mucha frecuencia, y muchas personas evitan rendir cuentas ante Dios, o ante ninguna otra persona. Hemos aprendido a racionalizar la conducta para que encaje en nuestras circunstancias. Una vez que comienza ese resbaladizo camino descendente de la justificación y la cesión, nos encontramos a nosotros mismos permitiendo cosas que nunca antes deberíamos haber tolerado.

Después es cuestión de tiempo. La conducta sigue a las creencias.

Nos hemos permitido sentirnos cómodos con algo que Dios aborrece. Somos convencidos de que el divorcio no es algo tan grave. La cultura defiende que el divorcio no es culpa de nadie; sencillamente ocurre, y debemos aprender a vivir con él como un producto del posmodernismo. Los cristianos creen esa retórica.

Tomemos el caso de Darva Conger (por favor, tómelo porque me confunde), la infame mujer que se casó con un millonario en televisión solamente para obtener rápidamente una anulación. Apareció en el programa de Geraldo Rivera en julio de 2000, y le preguntaron cómo ella, cristiana nacida de nuevo, podía posar desnuda para la revista *Playboy* (¡hasta Geraldo pudo ver el dilema moral!). Su respuesta, que estoy parafraseando, fue similar a esta: "La vida está llena de decisiones difíciles. Posar desnuda es algo entre Dios y yo".

Parecía que ella contaba con que Dios la perdonara. Y Él lo hará si ella se lo pide. Pero después añadió lo orgullosa que estaba de las fotografías del desnudo y que estaba planeando mostrar más en la Internet.

Yo casi me caigo de espaldas. La mayoría de nosotros no posamos desnudos para *Playboy,* pero nuestra actitud acerca del divorcio es parecida: "Haré lo que yo quiera, y Dios me perdonará. ¡Apuesto mi vida eterna en ello!".

Recuerdo haber visto a un conocido pastor televisivo anunciar por televisión que él y su esposa, que llevaban casados muchos años, estaban separados. Siguió diciendo que si él y su esposa se divorciaban, él renunciaría de inmediato. Lamentablemente, después de varios años se produjo el divorcio, y fue un triste momento para toda la iglesia.

Sin embargo, en lugar de renunciar como había prometido, anunció a su congregación que seguiría siendo el pastor principal. Según *Breakpoint Commentary,* de Chuck Colson, el administrador de la iglesia subió entonces al púlpito explicando que el divorcio del pastor ayudaría a éste a relacionarse mejor con la congregación.

Su suposición era que la iglesia se beneficiaría por el matrimonio fallido del pastor, porque ahora él entendía el dolor del divorcio. La congregación se puso en pie y aplaudió.

Chuck Colson preguntaba: "¿Se han acostumbrado tanto nuestras iglesias al fracaso moral que lo aplaudimos?".[1] Comprendo que la congregación quiere a su pastor y quieren que se quede; y Dios también ama al pastor y a su esposa. Ese no es el punto; y más importante, no es rebajar a cualquier pastor que haya experimentado la vergüenza y el dolor del divorcio.

El punto es que nuestra respuesta al divorcio o a cualquier fracaso moral debería ser la tristeza. El divorcio es una inmensa pérdida y una ruptura de un pacto santo. ¿Puede Dios utilizar a personas divorciadas? Claro que sí, y puede salir algo bueno de la tragedia. Ese es el camino de Dios. Pero no aplaudimos la tragedia; debemos lamentar la pérdida y luego confiar en que Dios traiga belleza en lugar de cenizas.

Las personas divorciadas no están excluidas de la gracia de Dios. Nadie lo está. Muchas personas que conozco no pudieron detener sus divorcios; ellas nunca quisieron eso, e hicieron todo lo posible para evitar ese resultado final. Pero se casaron con personas que creían un mito: "No importa lo que yo haga; Dios me perdonará". Sus cónyuges se alejaron de Dios y escogieron su propio camino.

Una mujer que acudió a mi consulta explicó que su esposo separado estaba viviendo con otra mujer. Su hija lo estaba pasando mal con ese arreglo porque su papá y su nueva novia asistían a su iglesia, así que la madre le pidió al esposo que no hiciera alarde de su pecaminoso estilo de vida delante de su hija, en especial en la iglesia, porque eso molestaba mucho a su hija. El padre se negó a dejar de asistir a la iglesia con su novia, y le dijo a su hija que ella era demasiado conservadora, y que Dios no tenía ningún problema con lo que él hacía; como estaba separado, él podía hacer lo que quisiera.

Totalmente confundida, la hija fue a ver a su pastor para obtener guía sobre el asunto; estaba molesta por la conducta de su papá debido a la fe y los valores que él le había inculcado desde que era pequeña, y ahora él estaba actuando contrariamente a esos valores.

La "ayuda" del pastor fue atroz, un signo del pensamiento actual: "Sé que debe de ser difícil para ti adorar aquí con tu padre y su 'amiga', pero hemos de pensar en sus aportaciones económicas a la iglesia. Quizá necesitas mostrar un poco de gracia a tu padre".

El papá me informó que el entendimiento que su pastor tenía sobre la gracia era muy superior al mío, y que su tolerancia era algo de lo cual yo podría aprender. El amor y la gracia de Dios cubrirían la situación, y yo debería dejarlo tranquilo en cuanto a vivir con otra mujer. Él planeaba casarse con ella, de todos modos, y su hija necesitaba aceptar el arreglo actual y practicar la gracia de Dios.

Comencé este libro con un hecho desconcertante: la iglesia tiene el mismo índice de divorcio que quienes no asisten a la iglesia. La pregunta obvia es por qué. ¿Dónde encaja el milagroso poder transformador de Jesucristo en la vida de los cristianos? ¿Somos apáticos, dormitamos en la complacencia, somos engañados? ¿Hemos permitido que las mentiras se cuelen en nuestro modo de pensar hasta el punto de no reconocerlas como tales? ¿Hemos mantenido nuestra compasión por los individuos divorciados pero a la vez perdido nuestra convicción con respecto al acto?

Nuestra actitud *laissez-faire* en cuanto al divorcio es incorrecta y hace un flaco servicio al cuerpo de Cristo. Eso no significa que debamos juzgar o ser farisaicos; ni estoy pidiendo a las personas que pinten letras de color rojo en las puertas de algunas casas. Hay cristianos que trataron de evitar el divorcio y tuvieron un cónyuge que no estuvo dispuesto. Jesús no condenó a las personas divorciadas, y tampoco deberíamos hacerlo nosotros; pero sí que necesitamos ser serios en cuanto a *prevenir* el divorcio. Simplemente porque sea aceptable no significa que debiéramos hacerlo. Nuestra respuesta debe ser compasión hacia la persona divorciada; pero al mismo tiempo debemos hacer todo lo que esté en nuestras manos para detener ese acto.

Con frecuencia, se sigue el argumento: "Si dices que el divorcio está mal, estás siendo farisaico y estás juzgando a otros". No, es estar en consonancia con la Palabra de Dios. No le corresponde a usted juzgar los corazones de los demás, pero está bien apoyar una postura bíblica. Me resulta sorprendente que tantos cristianos sean tan rápidos para juzgar la homosexualidad y tan lentos para adoptar una postura tan firme como esa sobre el divorcio.

La reconciliación es posible debido a Cristo en nosotros. Si la Palabra de Dios es verdad, y si nada es imposible para los que creen, entonces el divorcio no es inevitable. Desgraciadamente, si adopta usted esta perspectiva, podría encontrarse solo, siendo impopular y criticado.

Hay *un camino de Dios* y también hay *otros caminos*. El camino de Dios no siempre está en consonancia con el sabor cultural de la época. Hoy día, cuando uno cree una verdad bíblica es tachado de intolerante, mezquino, estrecho de mente y farisaico. La perspectiva cultural es que todo el mundo debería tomar sus decisiones basándose en sus propias ideas en cuanto el bien y el mal, lo cual se denomina relatividad, que es el himno posmodernista. Los cristianos no pueden pensar de ese modo porque tenemos un libro que bosqueja la verdad absoluta, la cual no cambia con el tiempo. Lo que era verdad "en el principio" sigue siendo verdad hoy día.

Gratitud por la gracia

Cuando se produce el fracaso matrimonial, debiera usted entristecerse. No haga alarde de él, no lo festeje, ni lo utilice como una herramienta de empatía o lo minimice considerándolo un asunto moral. Entristézcase. Reflexione sobre su propio pecado o el pecado que ha sido dirigido contra usted, y tenga gratitud por la gracia. Después decida hacer todo lo necesario para que su matrimonio sea a prueba de divorcio.

Es correcto deleitarse en la gracia y la compasión de Dios, pero no se permita caer en una peligrosa aceptación del divorcio como normativa. No crea que el divorcio sencillamente sucede, pues no es así. El divorcio nos obliga a pensar mucho y por mucho tiempo en la gracia de Dios. Desgraciadamente, muchos cristianos defienden lo que Dietrich Bonhoeffer acuñó como "gracia barata". La gracia barata da licencia para pecar porque Dios perdonará. La gente olvida que la gracia no excusa el pecado; es la provisión por el pecado.

VERDAD 9
Reciba la gracia de Dios con un corazón arrepentido.

Nadie está por encima de necesitar la gracia de Dios. Yo no soy mejor que ninguna otra persona; y usted tampoco. El pecado es pecado sin importar la forma que adopte, y todos somos pecadores que necesitamos redención. Por tanto, todos hemos pecado y estamos destituidos de la gloria de Dios. Avaricia, orgullo, envidia, codicia, adulterio, mentiras… ¿quién está sin pecado? No importa si su pecado se ve públicamente o está oculto en secreto. Existe. El modo en que usted trate su pecado es el importante mensaje de este capítulo.

No lance piedras ni se aleje

¿Recuerda la historia de la mujer adúltera que se registra en Juan 8? Los fariseos estaban a punto de apedrearla. Llevaron a la mujer sorprendida en el acto del adulterio al templo, donde Jesús estaba enseñando. Según la Ley, ella afrontaba la pena de muerte, mientras que el hombre quedaba libre (pobre imagen de la igualdad entre géneros). De todos modos, los fariseos probaron a Jesús: "¿Debería ser apedreada?".

Jesús respondió: "Quien esté sin pecado entre ustedes, que lance contra ella la primera piedra" (Juan 8:7). Uno a uno sus acusadores se alejaron. Nadie tenía derecho a lanzar piedras. Una historia estupenda sobre la gracia, ¿no es cierto? Pero hay más.

Jesús preguntó entonces a la mujer: "¿Dónde están tus acusadores? ¿Nadie te ha condenado?" (v. 10).

Ella respondió: "Nadie, Señor".

Entonces Jesús dijo: "Ni tampoco yo te condeno; vete y no peques más" (v. 11). Él perdonó su pecado y le advirtió que dejase de cometer adulterio. Ella, que fue sorprendida en el acto, no negó lo que había hecho. Contrariamente a los fariseos, ella no se alejó; se quedó delante de Jesús lista para "tomar su medicina". Rescatada de la muerte, ella estaba agradecida por cualquier cosa. Él le ofreció su gracia, una gracia que llegó *después* del arrepentimiento.

Me encanta el contraste entre la multitud religiosa que negaba su pecado y el pecador reconocido que no lo hizo. Se mostró gracia a quien admitió su culpabilidad; no fue una licencia para seguir adulterando más. De hecho, Jesús le dijo: "No peques más".

La culpabilidad es la emoción que le lleva a usted a la realidad del pecado. Una vez que sus ojos son abiertos, puede usted seguir ocultándolo y culpando a otros; o puede arrepentirse. Es entonces cuando está en posición de recibir la gracia de Dios.

Los fariseos adoptaron "la postura del justo", pero no estaba sin pecado; ellos necesitaban la gracia de Dios tanto como la mujer, pero se alejaron de ella. Cuando usted escoge su propio camino en lugar del camino de Dios, es como los fariseos. Ve su pecado pero escoge negarlo; espera usted el regalo de la gracia de Dios, pero no quiere abandonar sus caminos de pecado.

La negación no conduce a la culpabilidad sana y un consecuente cambio de dirección. La negación mantiene a las personas atascadas, moviéndose en la misma dirección.

El amor, y no el palo, es la motivación

Saber lo que es pecado no siempre evita que lo cometamos. Contamos con que la gracia de Dios nos cubre, y todos hemos hecho eso, aun cuando Pablo nos advierte de ello en Romanos 6.

Yo me he aprovechado de la gracia de Dios simplemente porque estaba a mi disposición. En esas ocasiones yo no tenía un íntimo caminar con Dios. Era fácil agarrar la gracia de Dios cuando me distanciaba a mí misma de Él.

En una relación sana, uno quiere agradar a su cónyuge y hacer cosas buenas por él. Cuando eran novios, usted hacía todo lo que podía porque quería a su ser amado. Cuando eran recién casados, su cónyuge no tenía que demandar su afecto, pues el amor de usted fluía libremente.

Su relación con Dios es así. Dios no le obliga a que obedezca. Oh, su Palabra le dice lo que sucederá si usted sigue o no sigue los caminos de Él, pero usted es quien elige. Es de esperar que el amor sea su motivación en lugar de que lo sean las consecuencias negativas. El amor le impulsa a agradarlo a Él, a apreciar el gran sacrificio que Él hizo al enviar a su Hijo a morir por usted. Y por amor, usted desea ser semejante a Él: santo.

La gracia barata es como decirle a Dios: "Gracias por seguir a mi lado. Yo me acercaré cuando esté listo, si es que alguna vez estoy listo. Sé que tú estarás esperándome; mientras tanto, seguiré pecando aun sabiendo que tú te has ocupado de ello".

Cuando usted peca, su Padre no se siente agradado, pero Él le sigue amando a pesar de eso. ¿Se aprovecha usted de ese amor y sigue pecando? ¿O está agradecido por lo que Dios ha hecho, haciendo todo esfuerzo por ser más semejante a El?

Cuando las personas me dicen que quieren el divorcio pero saben que está mal, les pregunto acerca de su relación con Dios. En la mayoría de los casos, han perdido cualquier sentimiento de intimidad con Él. Al haber decidido seguir su propio curso, no están interesados en las opiniones de Dios.

La gracia bajo ataque

John estaba listo para poner fin a su matrimonio con Kirsten, pero no tenía ninguna razón que fuera bíblicamente aceptable; simplemente quería abandonar. Él y Kirsten provenían de familias cristianas, en las que el divorcio era impensable. El divorcio de John sería el primer divorcio en su familia. Desesperado por abandonar el matrimonio, comenzó a decir mentiras sobre su esposa; dejaba caer ante sus amigos que Kirsten le era infiel, aunque ella no lo era.

Los amigos creyeron las insinuaciones de John, y lo que siguió fue la compasión. A medida que las mentiras crecían y se extendían, nadie cuestionaba la decisión de John de poner fin al matrimonio. Él sabía que debería detener esos malentendidos, pero no lo hizo; confiaba en que Dios lo perdonaría después del divorcio. Permitiría que las mentiras continuaran, obtendría el divorcio, y luego trataría el tema de su falta de honestidad.

Kirsten quedó devastada por la decisión de John de abandonar, y nunca entendió su razonamiento. Basados en las mentiras que él había sembrado, sus amigas creían que ella estaba ocultando cosas, y se alejaron.

Seis meses después del divorcio, John se sintió muy mal por lo que había hecho; había permitido que circularan mentiras que condenaban la conducta de Kirsten y excusaban la suya. La culpabilidad era demasiada para poder soportarla; tenía que decir la verdad y aclarar las mentiras que él había promulgado.

John quedó anonadado cuando confesó lo que hizo y Kirsten le perdonó. Ella sugirió que fueran a consejería. A pesar de ser tratada injustamente, ella quería restaurar el matrimonio.

Cuando las personas le preguntaban por qué siquiera pensar en la reconciliación después de haber sido difamada, ella sencillamente respondía: "Yo no merecía lo que Cristo hizo por mí, y Él aun así lo hizo. Ahora me corresponde a mí hacer lo mismo". La disposición de Kirsten a mostrar gracia cambió a John. Nadie había sido nunca tan amoroso con él. Por primera vez en su vida, fue capaz de entender el amor y la gracia de Dios; sabía que no merecía el amor de Kirsten, pero ella se lo daba de todos modos.

Muchos pensaron que Kirsten era una tonta, y la consideraron una mujer dependiente que permitía que John se aprovechara de ella. Kirsten veía la relación de modo distinto: "Sé que me hicieron mal, y me dolió mucho; pero hice un pacto con este hombre, y no estoy lista para romperlo debido a su estupidez. Si él puede admitir sus errores y cambiar, tenemos una oportunidad de honrar nuestro compromiso. Eso significa más para mí que la percepción de cualquier otra persona. Estoy haciendo lo que siento que es correcto delante de Dios, y en realidad no me importa lo que otras personas piensen".

Cuando usted comience a entender verdaderamente la increíble gracia de Dios, su matrimonio ya no se hundirá por planes adolescentes con respecto a si puede salirse con la suya. La gracia no es el as que usted se guarda en la manga para su actuación. Motivado por el amor, querrá usted agradar a Dios en todo lo que haga, en especial honrando su pacto matrimonial. Si quiere un matrimonio que pueda soportar cualquier tormenta, entienda que la gracia es la provisión para el pecado, y no una excusa para seguir en él. Acepte la gracia de Dios, y muéstrela libremente a su cónyuge.

Estrategias para un matrimonio sano

- Deje su perspectiva adolescente de la gracia.
- No niegue su pecado. Afróntelo.
- Confiese, arrepiéntase y cambie.
- No utilice la gracia para justificar su pecado, pues es la provisión para el pecado.
- No sea condenado. Aprópiese de la gracia de Dios correctamente.
- Mantenga una relación íntima con Dios.
- Tenga un corazón agradecido que muestre gratitud mediante una vida entregada.
- Sea motivado por el amor para obedecer a Dios.
- Acepte la gracia de Dios y muéstrela a su cónyuge.

CAPÍTULO 12

Nada es imposible

MITO 10 — Está demasiado rota; nada puede arreglar esta relación.

Muchas parejas se tambalean ante un momento triste en su relación, cuando parece que nada puede salvar el matrimonio. O bien sienten profundo desprecio por su cónyuge, o están convencidos de que la única solución para la salud emocional es abandonar la relación.

Han tirado la toalla. El futuro se ve sombrío a menos que haya un cambio drástico. Sin señales esperanzadoras de cambio, la separación y el divorcio se convierten en las soluciones definitivas. Están cansados de pelear; hay demasiada historia mala que vencer, o no pueden tolerar la conducta de su cónyuge. Se les "ha terminado el amor", se han "distanciado" o "son demasiado diferentes". El matrimonio fue un error, se produjo demasiado pronto, se escogió por desesperación, o se volvió demasiado limitado. Cualquiera que sea la razón, la creencia es: "sencillamente es demasiado tarde para hacerlo funcionar".

Puede que eso sea realidad si mira usted solamente a las circunstancias y a los problemas de la relación; pero hay más cosas que considerar. Y es ahí donde la esperanza se vuelve eterna; sin esperanza, los matrimonios con problemas se enfrentan al desastre.

Del caos al milagro

Jenna estaba convencida de que tenía que abandonar a Kurt para poder sobrevivir. Años antes, Jenna había estado casada con un hombre cristiano, Danny, quien finalmente se divorció de ella por una aventura amorosa. Un profundo dolor acompañó a ese rechazo, pero la vida tenía que continuar. Ella necesitaba establecer un hogar como madre sola para sus dos hijas, y era una tarea solitaria. Su ex esposo rara vez las visitaba; estaba demasiado ocupado saliendo con otras mujeres.

La herida fue especialmente difícil para Jenna debido a que su ex-esposo continuaba en el ministerio. Parece que la gente no conocía la verdadera historia que estaba tras la ruptura, y por eso él mantuvo su puesto en el ministerio.

Aproximadamente un año después de que el divorcio de Jenna fuese definitivo, un hombre que estaba en su clase para solteros en la iglesia le pidió una cita. Al sentir que no tenía esperanza de regresar con su primer esposo, Jenna aceptó la invitación, y ella y su nuevo amigo, Kurt, comenzaron a salir juntos. Kurt también se había divorciado después de que su esposa lo abandonara por su mejor amigo; su ex-esposa y ese mejor amigo se casaron dos años después.

Obviamente, Kurt y Jenna tenían mucho en común: pérdida y el dolor del rechazo. Fueron novios por seis meses, viéndose regularmente. Ninguno de los dos se había sentido tan bien desde hacía años; finalmente Kurt le pidió a Jenna que se casara con él, y ella aceptó.

Pero seis meses después de casarse, Jenna sintió que había cometido un gran error. "Me casé con Kurt por despecho." Cada mañana se despertaba y pensaba: "No amo a este hombre. Me temo que me casé con él solamente porque estaba herida. ¿Qué hago ahora?". Jenna se sentía atrapada.

Trató de armarse de sentimientos de afecto por Kurt, pero no sentía nada; comenzó a evitarle en las noches, sin querer ninguna relación física. En las tardes, cuando Kurt regresaba del trabajo, Jenna sentía que un manto de depresión la cubría. Estaba irritable, ignoraba a su esposo, y se pasaba horas llorando a solas en su cuarto.

Kurt trataba de conversar, preguntándose qué había hecho para molestarla. Jenna no sabía qué decir, pero finalmente dejó escapar: "No creo que te quiera. Me casé contigo demasiado pronto, y no tengo ningún sentimiento hacia ti. Cometí un terrible error". Kurt la miró fijamente, conmovido y perplejo por lo que estaba oyendo. Él amaba a Jenna y no podía creer que ella se sintiera así.

Jenna continuó: "Le he dado a este matrimonio un año, y nada está cambiando para mí. Sé que somos cristianos, pero quizá deberíamos admitir que esto fue un error y ponerle fin antes de que pasemos más tiempo juntos. ¿Cuán bueno puede ser esto para mis hijas si yo estoy deprimida todo el tiempo?".

Kurt se quedó sin habla. Profundamente herido, regresó a esos viejos sentimientos de rechazo de su primer matrimonio. Con desesperación, llamó a un viejo amigo que le había ayudado a recuperarse de su primer divorcio. El amigo reconoció que el matrimonio se había realizado con bastante rapidez y que Jenna probablemente no tuvo suficiente tiempo para procesar su pérdida. Su ex esposo era muy amable cuando iba a recoger a las niñas; quizá ella estuviera pensando en una reconciliación.

Le aconsejó a Kurt que tuviera paciencia y que no se aterrara. Quizá Jenna estuviera confundida y solamente necesitara un poco de tiempo para solucionar las cosas.

Jenna decidió visitar a un terapeuta. Su depresión estaba empeorando, y se encontraba pensando constantemente en su ex esposo. En la noche, cuando estaba en la cama con Kurt, deseaba que fuese Danny.

Después, problemas. Danny le contó a Jenna que su novia le había dejado recientemente. Le prestaba una atención extra a Jenna cuando iba a recoger a las niñas, haciéndole cumplidos y recordándole momentos privados que los dos habían compartido durante los diez años que estuvieron juntos. Ahora él estaba solo, pues no tenía a ninguna mujer; y se disculpó por el modo en que había tratado a Jenna antes del divorcio.

Jenna nunca quiso divorciarse de Danny, y ahora que él decía que lo sentía, estaba aún más disgustada por haber vuelto a casarse. Su aislamiento emocional de Kurt crecía de modo exponencial. En las noches, ni siquiera hablaba a Kurt, sino que esperaba al lado del teléfono a que Danny llamase para preguntar por las niñas. Cuando Kurt cuestionaba su lealtad, ella se ponía a la defensiva y se volvía crítica. Le gritaba: "No confías en mí. No he hecho nada malo". Pero su corazón era infiel, fantaseando con las veces en que ella y Danny hacían el amor.

Kurt le pidió a Jenna que visitara con él a un terapeuta cristiano. No tenía idea en cuanto a cómo volver a ganarse su afecto, y estaba muy preocupado por lo agitada que ella estaba con él. Las niñas observaban la fricción y temían que otro divorcio estuviera a la vuelta de la esquina. Jenna estuvo de acuerdo con renuencia a visitar al terapeuta con Kurt; quizá pudiera explicar el error que había cometido al casarse con Kurt y el terapeuta le ayudara a conseguir un divorcio civil. Secretamente ella albergaba la esperanza de que Danny volviera a conquistarla.

Entonces, un día se encontró con la realidad. Jenna llamó a Danny para organizar la visita a las niñas, y una mujer respondió al teléfono.

—Quisiera hablar con Danny—continuó Jenna—; ¿está en casa?

—No—respondió la mujer—, pero le dejaré un mensaje.

—¿Es usted la asistenta?—preguntó Jenna.

—No—dijo la mujer—, soy mucho más que una asistenta. Vivimos juntos. Hace seis meses que soy su novia, y estamos pensando en comprometernos.

Jenna colgó el teléfono. ¿Cómo podía haber sido tan estúpida? ¡Traicionada otra vez! Danny no había cambiado en absoluto, y la mentira seguía siendo un modo de vida para él. ¡Ella había caído en sus mentiras una segunda vez! Luchando por recuperar el aliento huyó a su cuarto y cerró la puerta. "Dios, ¿qué anda mal en mí? Estoy muy confundida y me siento traicionada otra vez". Sabía que tenía que contárselo a Kurt. Quizá también él la abandonaría, pero ella ya no podía mantener todo eso en su interior.

En la siguiente sesión matrimonial, Jenna le habló a Kurt de sus esperanzas secretas de una reconciliación con Danny; confesó su devastación por haber sido engañada otra vez por él, que nunca se arrepintió verdaderamente de su conducta. Reconoció que no sabía cuáles eran sus sentimientos hacia Kurt. De hecho, ni siquiera estaba segura de poder seguir tampoco con ese matrimonio.

Todo aquel tiempo, el amigo de Kurt había estado hablando con él acerca de la falta de liderazgo espiritual en su hogar. El amigo comprendió que ese papel no desempeñado había jugado su parte en la ruptura de Kurt y su primera esposa. Se reunía con Kurt cada sábado en la mañana para orar, alentándolo a acercarse más a Dios y pedirle sabiduría con respecto a Jenna.

Kurt había estado estudiando las Escrituras, y, de algún modo, leía una y otra vez que nada es imposible para Dios. Sintiéndose desesperado por mantener el matrimonio, reclamó esa promesa y comenzó a interceder por su esposa. Una de sus oraciones era que cualquier cosa que estuviera oculta saliese a la luz.

Jenna no hablaba con Dios; seguía estando enojada con Él y, sin duda, con temor de hablar de sus sentimientos. Ella sentía que Dios la había abandonado cuando Danny la dejó. Y el hecho de que él siguiera en el ministerio era aún más difícil de aceptar. No era justo. ¿Y por qué Dios no estaba de parte de ella? Ahora Danny la había vuelto a traicionar, y una vez más sin ninguna consecuencia a la vista.

El terapeuta pasó tiempo ayudando a Jenna a sobreponerse a los problemas de su divorcio: la traición, las mentiras, el engaño, el repetido adulterio. Jenna nunca se había permitido a sí misma lamentar esas pérdidas; había estado demasiado ocupada con el dolor; se culpaba a sí misma por no ser lo bastante buena, y luego culpaba a Dios. Su enojo con Dios era intenso. Jenna nunca tuvo la libertad de expresar enojo hacia su padre terrenal sin obtener una grave consecuencia, así que había aprendido a mantener el enojo en su interior. Ahora su distancia espiritual de Dios era similar a la de su padre. Su terapeuta le aseguró: "Dios puede manejar sus sentimientos de enojo. De hecho, Él ya es consciente de ellos".

Jenna tenía derecho a sentirse enojada, pero evitar a Dios no era la solución. El aislamiento la mantenía alejada de Aquel que podía ayudarla más. A medida que el terapeuta trató la pérdida de su primer matrimonio y ayudó a Jenna a tratar su enojo debido a la injusticia, la confusión disminuyó, y su depresión comenzó a desaparecer. Kurt reafirmó su amor por Jenna y lo mucho que quería que su matrimonio funcionara. Ella no estaba tan segura. En lo profundo de su corazón, Jenna seguía creyendo que ese matrimonio había sido por despecho, así que el terapeuta le preguntó si ella le pediría a Dios que pusiera un nuevo amor por Kurt en su corazón. No había necesidad de fingir que le amaba; lo único que ella tenía que hacer era estar dispuesta a permitir que sucediera un milagro. Si ella quería honrar sus votos, Dios la ayudaría a encontrar la manera de amar a Kurt.

Jenna sabía que la respuesta requería un paso de fe. Sin sentir nada por Kurt en aquel momento, de todos modos estuvo de acuerdo en probar a Dios. La tarea para la pareja fue que durante tres meses no se concentraran en ninguna otra cosa sino en fortalecer sus relaciones personales con Dios: leer la Biblia diariamente, pasar tiempo en oración, y adorar. Debían enumerar las promesas de Dios y ser ver cómo Él intervenía en las vidas de quienes le siguen tal como se registra en la Biblia.

Con corazones sinceros, estuvieron de acuerdo. Los cambios comenzaron a ser evidentes. Kurt asumió su papel como líder espiritual; comenzó a orar con su esposa, a tener hambre de las cosas de Dios, y a llenar su mente con la Palabra. El comprender que él nunca había sido verdaderamente dependiente de Dios para que le ayudara en las dificultades, le golpeó duro. Su orgullosa confianza en sí mismo fue lo que había evitado que buscara a Dios en los momentos de problemas. Comprendió que había utilizado el fracaso de su primer matrimonio como excusa para no asumir el liderazgo espiritual en el hogar.

Jenna comenzó a encontrarse a sí misma. Su identidad estaba ligada a los hombres; anhelaba aceptación, pero no sabía quién era ella aparte de ser una esposa. Leyó que ella era hija de Dios, que estaba constantemente en la mente de Él, que era santa y sin mancha ante los ojos de Dios, redimida, amada tal como era, y reconciliada con Dios, libre de temor, y nunca separada del amor de Él. Su corazón se ablandó a medida que fue perdonando a quienes le habían hecho daño, y liberó años de enojo acumulado. Al reconocerse a sí misma como hija de Dios, Jenna fue renovada y segura de que:

- Dios la ama tal como ella es (Juan 3:16).
- Ella es justa (Romanos 5:1).
- Ella es una persona completa (Colosenses 1:28).
- Ella es la obra maestra de Dios (Efesios 2:10).
- Dios nunca la dejará ni la abandonará (Hebreos 13:5).
- Ella está segura en su fe (Juan 10:28-30).
- Ella es libre de todo temor (Salmo 34:4).

- Ella no tiene por qué temer a ningún hombre (Salmo 56:11).
- Si se deleita en Dios, Él le dará los deseos de su corazón (Salmo 37:4).
- Ella tiene una vida abundante (Juan 10:10).
- Ella ha sido revestida de todo lo bueno (Salmo 84:11).
- Se le ha dado libremente la gracia de Dios (Efesios 1:6).
- Ella tiene verdad (Juan 16:13).
- Ella tiene fortaleza para cada situación (Isaías 40:31).

Después de tres meses de intenso estudio y una intimidad con Dios recién hallada, la pareja regresó a la terapia. Jenna no sabía lo que había sucedido, pero estaba comenzando a sentir amor por Kurt. En palabras de ella, no era otra cosa sino un milagro. Ella admiraba y respetaba la sinceridad espiritual de él; y por primera vez, veía a un hombre que honró sus votos aun cuando las cosas eran difíciles. Kurt no la había rechazado cuando ella le había rechazado a él; él era un ejemplo vivo del amor de Dios.

Podría relatar numerosas historias de parejas que parecían no tener esperanza cuando se trataba de permanecer juntos. Algunas han atravesado dramáticas circunstancias y problemas en la vida; otras son más parecidas a Kurt y Jenna: heridas por desengaños y rechazos en el pasado. Son engañadas por el mito de que nada arreglará su relación; han tirado la toalla, sintiendo que el divorcio es su única opción.

VERDAD 10 — Nunca es demasiado tarde porque nada es imposible para Dios.

Kurt y Jenna no son malas personas. Son dos personas heridas abriéndose camino en la vida. Si piensa en ello, todos encajamos en esa descripción hasta cierto grado. La mayor mentira que puede decirse a usted mismo es que no necesita que Dios gobierne en su corazón y su mente; que usted puede hacerlo solo: confiar en su talento, en sus capacidades, en cualquier otra cosa. Cuando sus relaciones fallan, fácilmente sucumbe al modo de pensar de la cultura.

"Es demasiado tarde. No funciona. Sigamos nuestro camino. Sería necesario un milagro para arreglar esto." ¡Qué bueno que Dios sigue haciendo milagros!

Una vez más, permítame recordarle que no estoy tratando de condenar a quienes se han divorciado debido al repetido adulterio y a una conducta sin arrepentimiento que es dañina o peligrosa. Estoy escribiendo a quienes sencillamente han tirado la toalla debido a que ya no sienten amor o ya no pueden ver el camino hacia una relación pacífica y amorosa.

Le estoy pidiendo que examine su corazón y después sus creencias. ¿Cree usted en el Dios de lo imposible? ¿Le permitirá que haga un milagro en su corazón y en la relación? Si responde no, entonces probablemente se divorciará. Si Dios no es lo bastante grande para hacer lo que promete, ¿quién lo es? Si Dios no puede cambiar corazones, ¿quién puede hacerlo? Tiene que haber una disposición a someterse a algo mayor que usted o que un terapeuta.

¿Puede algo resucitar un matrimonio muerto? Sí, el poder milagroso de Dios puede hacerlo. Pero antes debe usted entender con qué y con quién está verdaderamente en guerra, y aprender cómo luchar contra el verdadero enemigo. ¿Cómo?

Transforme su mente y actúe de acuerdo a esa creencia. Así es como lo hace.

Conozca a su enemigo y batalle

Cuando sienta que está al final del camino y que la siguiente parada es el divorcio, recuerde quién es su verdadero enemigo. Puede parecer que es su cónyuge; él o ella pueden estar haciendo cosas que sean dañinas, que muestren rechazo o enojo, pero el verdadero enemigo que está tras el divorcio no es una persona. Hay una fuerza mayor que trata de destruir lo que Dios ha unido; es una fuerza de tinieblas; es real y opera en un mundo invisible que existe alrededor de nosotros. Usted está va a batallar contra un enemigo espiritual.

¿Cómo comienza a hacer guerra contra la fuerza que está tras toda infelicidad? En primer lugar, crea que hay principados y potestades operando contra usted. En segundo lugar, aclare su conducta; alinee su modo de pensar con el de Dios; ponga su conducta en consonancia con un modo de vida piadoso. Luego comience a llenarse con la

Palabra de Dios y sus promesas; pronúncielas, repítalas y reclámelas como suyas. Su boca tiene el poder de la vida y la muerte, según la Biblia. Confiese vida y un nuevo aliento en su matrimonio. Confesar lo que Dios dice acerca de usted y de su situación trae una nueva creencia que es verdad.

A continuación, batalle contra esas fortalezas de tinieblas. Identifique la raíz de los problemas y atáquela en el Espíritu. Por ejemplo: "Oro en contra de esa ira que está atenazando a mi cónyuge. Tengo la autoridad de demandar que se vaya en el nombre de Jesús. Le ordeno que se vaya. Mayor es quien está en mí que quien está en el mundo. Ira, no tienes autoridad en esta casa. Oro que la paz de Dios esté sobre este lugar". Camine por los pisos, hable a Dios, ¡arrebate lo que es de usted por la autoridad que se le ha dado en el nombre de Jesús!

Aun cuando se sienta cansado y derrotado, recuérdese que no ha terminado hasta que no haya terminado. Ordene a la duda que le abandone. Experimente el historial de Dios en situaciones imposibles. Reclute a uno o dos cristianos que entiendan cómo batallar contra este enemigo, y reúnase con ellos regularmente para orar. También necesita estar bajo el manto de un equipo pastoral ungido cuyos miembros oren e intercedan por su familia. Reúna toda su debilidad y utilícela en oración. "Dios, soy débil, pero tú prometiste ser fuerte en mi debilidad. Hazme fuerte para luchar. Tú me has dado el poder de derrotar al enemigo, y quiero comenzar a utilizar ese poder ahora."

Hay demasiados cristianos que son anoréxicos espirituales. Tienen acceso a un festín de poder pero restringen su uso debido a que son ignorantes de la Palabra de Dios o erróneamente tienen demasiado temor de moverse por su Espíritu. Utilice los recursos que su Padre celestial, bueno y digno de confianza, le ha dado para vencer las mentiras y moverse en el poder de Él. Son ustedes hijos e hijas de Dios. Comiencen a reclamar su herencia.

Dios está de su parte

Samantha me miró y dijo: "No hay modo de que mi esposo cambie. Él está pensando en presentar los papeles para el divorcio; él tiene todo el poder. Él tiene el dinero, mejores abogados, y personas dispuestas a mentir por él. Me ha difamado injustamente y ahora me acusa de cosas que no son ciertas. ¿Por qué siento que voy a perderlo todo?".

Yo le recordé a Samantha la historia de David y Goliat: ejército más grande, mejor traje para la batalla, un gigante que se burlaba y amenazaba a los israelitas. No es simplemente una historia para niños. Goliat era un enemigo formidable. David debería haber sido carne picada, pero no lo fue. ¿Por qué venció David al gigante? Dios estaba de su parte.

En 2 Reyes 6, el gran ejército sirio rodeaba la ciudad. Cuando el siervo de Elías vio todos los caballos y los carros que esperaban para golpearlos, le preguntó a Elías qué deberían hacer. La respuesta del profeta fue: "No tengas miedo, porque más son los que están con nosotros que los que están con ellos" (2 Reyes 6:16). Elías veía al enemigo, pero también sabía que Dios estaba de su parte. Oró para que los ojos de su joven siervo pudieran ver los caballos y carros de fuego celestiales que rodeaban a sus enemigos.

Cuando su matrimonio parezca no tener esperanza porque una persona no va a cambiar, abra sus ojos a la verdad de que Dios está con usted. Su promesa es estar de su parte a pesar de lo que venga en contra de usted. Dios ha asignado a sus ángeles para que cuiden de usted. Crea que Dios está presente y está de su parte. Si Él es por nosotros, nadie, ninguna fortaleza, nada puede vencernos.

El desafío de Samantha era mantener una respuesta piadosa a su esposo. Es cierto que ella quería vengarse, sacar a la luz sus mentiras y arruinar su reputación; tenía todo el derecho a hacerlo, pero escogió la armadura de Dios en lugar de los caminos del mundo. En vez de ira, venganza y ruina, ella escogió paz, justicia, fe y la Palabra. Ella sabía que Dios la ayudaría aunque la balanza no estaba a su favor. Ella oró; diariamente imaginaba a los ángeles cubriéndola. Creía que Dios lucharía por ella; de algún modo, milagrosamente, su esposo vería la necesidad de cambiar.

Usted puede operar en la misma confianza que Samantha. Dios está de su parte. Acuda a Él cuando se sienta abrumado y necesite una victoria. Permanezca firme en su Palabra, y crea que Él está ahí, listo para luchar por usted. Recuerde que usted no puede hacer cambiar a su cónyuge (ver el capítulo 5), pero puede orar y creer que él o ella verán la necesidad de cambiar. Esta no es una estrategia débil. La oración y la intercesión tienen poder.

No es usted condenado

Si es usted quien se ha apartado y ha dado la espalda a las cosas de Dios, Él quiere que regrese, y le está esperando con los brazos abiertos. Si usted se arrepiente, no es juzgado. ¿Está cansado de sentirse juzgado y condenado por las cosas que hizo en el pasado? ¿Lamenta haber desperdiciado gran parte de su vida al utilizar drogas, alcohol y vivir una vida impía? ¿Tiene problemas para perdonarse a usted mismo por un aborto, una aventura amorosa, o actos de inmoralidad? La buena noticia es que no tiene que sentirse de ese modo por más tiempo. Muchas personas no comprenden el poder que la sangre del pacto tiene sobre los pecados del pasado. Sí, usted sabe que Jesús murió en la cruz para llevar su pecado, pero por alguna razón, no puede dejar atrás sus errores y, por tanto, camina cargando con una tremenda culpabilidad y vergüenza innecesariamente.

La culpabilidad no es productiva a menos que se relacione con la convicción de pecado. Usted *debería* sentirse culpable cuando viola la Palabra de Dios; pero una vez que haya reconocido su pecado y se haya arrepentido, ya no es juzgado o condenado. Muchas personas no reparan problemas de relación porque no pueden creer que Dios no los está juzgando o condenando.

Jesús no le acusa ante el Padre. Él lo dice en Juan 5:45: "No penséis que yo voy a acusaros delante del Padre; hay quien os acusa, Moisés, en quien tenéis vuestra esperanza". Lo que está diciendo aquí es nunca podremos estar a la altura de la Ley de Moisés. Todos nosotros pecamos y estamos lejos de vivir una vida perfecta.

Cuando Jesús vino, llevó nuestros fracasos a la cruz y se hizo el fracaso definitivo por usted. La sangre de su sacrificio ahora cubre todos sus fracasos. Hoy día vive usted bajo la gracia, no bajo la Ley; por tanto, cuando comete errores, ya no es condenado por la antigua ley sino justificado por medio de Cristo. Usted necesita entender eso.

Su acusador es el diablo (Apocalipsis 12:10); él es quien le dice que no es usted bueno ni merecedor de la sangre de Jesús. Él continúa lanzándole mentiras, metiéndose en sus pensamientos hasta que usted crea que merece ser juzgado.

Usted lucha contra el acusador resistiéndolo. La Biblia dice que él ha sido destronado y está bajo sus pies. Quizá le enseñaron que el Espíritu Santo vive en usted para darle convicción de su pecado; eso significaría que Él es un acusador. Ya que Él es parte de la santa Trinidad, eso no es cierto. Él le da convicción de falta de fe; Él quiere que usted conozca y crea la Palabra. Cuando Jesús dice que no es usted acusado, el Espíritu Santo le recuerda su Palabra a fin de que pueda permanecer en la verdad. Usted ya no es juzgado o condenado.

Eso no significa que usted sigue en el pecado, pues el pecado conduce a la muerte. Significa que cuando peca, se arrepiente y luego sabe y cree que su pecado es quitado. Cuando cree eso verdaderamente, ya no vive usted en condenación; por tanto, abandone esa culpabilidad y vergüenza malsanas. Jesús no le acusa; deje de acusarse a usted mismo, deje de escuchar al verdadero acusador: Satanás. Él quiere que usted quede estancado en la culpabilidad y la vergüenza. Jesús quiere que usted sea libre.

Búsquelo y lo encontrará

Cuando mis hijos eran pequeños, nos gustaba jugar a las escondidas. A los niños les encantaba el juego. Una vez, cuando a nuestra hija le tocaba esconderse, no podíamos encontrarla. Ella descubrió un lugar estupendo. Al principio, éramos desafiados por su ingenuidad; un poco después nos frustramos, y finalmente nos rendimos. Gritamos. "El juego ha terminado. Es momento de salir". Ella salió muy contenta porque nadie había podido encontrarla.

Si es usted como la mayoría de las personas, tiende a pensar que a Dios le gusta jugar a las escondidas. Se mete usted en un problema e intenta manejarlo. Cuando no se resuelve rápidamente o del modo en que usted quisiera, cree que Dios le ha abandonado y que no puede encontrarlo; piensa que Dios se ha ido a esconder, y se dice a usted mismo: "Dios no se preocupa por mí. Obviamente, Él está interesado en ayudar a otros, pero no a mí". Tira la toalla y se deprime. Lo cierto es que Dios no se está escondiendo; Él está siempre presente y siempre puede ser hallado, y su mayor deleite es ayudarle.

Sin embargo, usted actúa como si Dios no estuviera. Su inclinación natural es hacer las cosas a su manera. Si su manera no funciona, podría acudir usted a Dios. Luego, si es usted terco, podría tratar de probar otra solución. Finalmente, cuando ya no le quedan recursos, podría darle una oportunidad a Dios.

David se enfrentó a una situación de crisis y decidió buscar a Dios. En 1 Samuel 30, los amalecitas atacaron la ciudad de Siclag; la quemaron y secuestraron a todas las mujeres, los niños y el ganado. Cuando David y su ejército, exhaustos por la batalla, llegaron y vieron la destrucción, él y su ejército lloraron. La ciudad estaba destruida, y sus esposas y familias se habían ido quién sabe dónde. La situación estaba madura para un motín. En su agonía y desesperación, los hombres votaron para apedrear a David. Pero preste atención a la respuesta de David a sus circunstancias tan sombrías. Le preguntó a Dios qué debería hacer. Dios habló: "Síguelos, porque ciertamente los alcanzarás, y de cierto librarás a los cautivos" (1 Samuel 30:8). ¿Cuál fue la respuesta de David ante una crisis atroz? Le preguntó a Dios qué hacer al respecto, y Dios le respondió; Él estaba presente, listo para responder. Además, era el plan de Dios que David y su ejército recuperasen todo lo que se había perdido, mayor evidencia del Dios tan grande a quien servimos.

Si busca usted a Dios, Él le mostrará qué hacer. Si necesita una respuesta, pídale que se la dé. No tire la toalla si la respuesta no es inmediatamente evidente, pues a veces tenemos que esperar en el Señor y no cansarnos. Pero el punto es que el Señor está siempre con usted, una ayuda presente en momentos de problemas. Él le hablará si usted le pregunta; Él debería ser la primera persona a quien usted consulte, y no la última.

Si busca a Dios, le encontrará (2 Crónicas 15:2). Él no está observando en la distancia, como sugiere la canción de Bette Midler. Él no se queda distante, sentado en los cielos y jugando a las escondidas; Él está esperando tener una relación íntima con usted. Búsquele y le encontrará.

Sintonizar la frecuencia de Él

¿Comprende que Dios siempre le está hablando? Reciba aliento. Usted es su oveja, y Él es el buen Pastor. Su Palabra dice que si usted escucha su voz, la oirá. ¿Cómo puede oír la voz de Dios? Piénselo de este modo: imagine que Dios está en una frecuencia concreta en la radio. Él está listo para ser oído si usted sintoniza la emisora correcta. Usted debe aprender a ajustarse para oír lo que Él está listo para decir. Hay demasiadas personas que se desalientan y se deprimen porque creen que Dios habla a otros pero no a ellas. Dios no hace acepción de personas, y lo que hace por otros, lo hará también por usted.

Una manera de prepararse para oír la voz de Dios es mantener su corazón sensible a las cosas de Dios. Debería usted empaparse en la Palabra de Dios, mantenerse arrepentido y perdonador, y caminar en humildad. Un corazón endurecido evita que oigamos la voz de Dios. Las siguientes son cuatro cosas que puede usted hacer para mantenerse sensible y preparado para oír la voz de Dios:

1. Tiene usted una herencia de Dios de la que necesita enorgullecerse, según la Biblia. Proclame lo que es suyo debido al sacrificio de Jesucristo. *Confíe en lo que Dios le ha dicho en su Palabra, y proclame esas cosas.* Lo contrario a la confianza es no estar seguro de lo que es legítimamente suyo. Usted tiene un Padre rico que quiere bendecirle si usted cree y proclama con confianza sus bendiciones.

2. *Deje de probar a Dios.* La fe viene por *el oír* la Palabra, no por *ver* resultados inmediatos (Hebreos 11:1). Una manera de endurecer su corazón es hacer lo que hicieron los israelitas. Ellos cuestionaban constantemente a Dios aunque Él había hecho poderosos milagros por ellos. Deje de preguntarse si las promesas de Dios son para usted. Debido a que es usted un coheredero con Cristo, puede saber que Él será fiel para hacer todas las cosas.

3. La Biblia tiene mucho que decir con respecto a la incredulidad. La incredulidad evitó que Jesús hiciera milagros en su ciudad natal. La Biblia hasta llega a decir que alguien con incredulidad tiene "un corazón malvado" (Hebreos 3:12). En Marcos 16:14, Jesús reprendió la incredulidad y la dureza de corazón. *Dios quiere que usted crea lo que Él dice aun cuando no vea evidencia inmediata.* Eso agrada a Dios.

4. Tenga cuidado de no ser apartado por su propia lujuria y pecado. *No rechace conscientemente la Palabra que le dice cómo comportarse y hacer el bien.* Cuando permite que el pecado siga presente en su vida, permite que haya interferencia en las ondas de radio de la voz de Dios.

Un corazón sensible es más moldeable para oír la voz de Dios. Tome tiempo para escuchar a un Dios que quiere hablarle.

Crea en el Dios de lo posible

Quizá el mayor obstáculo de todo sea la incredulidad. Si usted no cree que Dios puede obrar en su vida para bien, que Dios solamente quiere lo que es mejor para usted, y que sus caminos son más altos que los de usted, entonces no se someterá a Él.

Dios, su Padre celestial, es perfecto, le ama incondicionalmente, y tiene cosas buenas planeadas para usted. Pero si usted no cree realmente eso y le considera un hombre malo y listo para castigarle, o como alguien distante (o alguna otra perspectiva distorsionada), nunca creerá que Él puede transformarle en algo increíble. Tampoco creerá que Él es el Dios de lo imposible.

Veamos varios ejemplos bíblicos. En Génesis 18 Sara se rió cuando oyó a escondidas que finalmente tendría un bebé. Ella era vieja y ya había sobrepasado el tiempo de tener hijos. La respuesta de Dios a su risa fue preguntarle por qué se reía. Dios lo sabía, y no tenía que preguntar. Es casi como si dijera: "Sara, ¿qué te ocurre? ¿Acaso no sabes que yo soy el Dios de lo imposible? Sí, en lo natural esto sería una necedad, pero yo soy Dios. Yo pronuncio mi Palabra, y se cumple".

En el último capítulo de Job, después de que Job sufriera mucho y hubiera sido probado, dice acerca de Dios: "Yo conozco que todo lo puedes, y que no hay pensamiento que se esconda de ti" (Job 42:2). Ante la desesperanza, Job tuvo esperanza en Dios.

Jeremías 32:17 nos recuerda: "¡Oh Señor Jehová! he aquí que tú hiciste el cielo y la tierra con tu gran poder, y con tu brazo extendido, ni hay nada que sea difícil para ti". Esas palabras fueron repetidas cuando el ángel llegó a la virgen María, anunciando que ella tendría un hijo, al igual que su prima Elisabeth: "Porque nada hay imposible para Dios" (Lucas 1:37).

Cuando los discípulos no pudieron echar fuera demonios en Mateo 17, Jesús les enseñó acerca de la fe. Él dijo: "si tuviereis fe como un grano de mostaza, diréis a este monte: Pásate de aquí allá, y se pasará; y nada os será imposible" (v. 20). A través del poder de Él usted también tiene la capacidad de hacer cosas imposibles.

Romanos 4:18 dice que en esperanza contra esperanza, Abraham creyó. Usted necesita tener esperanza, no en las circunstancias o en otras personas, sino en las cosas de Dios. Fe es la sustancia de las cosas que *se esperan*. Crea en Dios. Él puede obrar en una situación imposible debido a quién es.

Mi pastor me recuerda que la mayoría de nosotros vivimos en lo *probable*. *Probablemente* no mejoraremos; *probablemente* nos divorciaremos; *probablemente* tendremos problemas económicos; *probablemente* (llene usted este espacio); en cambio, deberíamos vivir en lo *posible*. Todas las cosas son posibles para Dios; sus planes para nosotros son buenos; Él nos da una esperanza y un futuro. Renueve su mente con las posibilidades de Dios. Ninguna circunstancia está por encima de su ayuda debido a quién es Él. Cuando se sienta abatido, desanimado o sin esperanza, recuerde al Dios de lo *posible*. Lo que Él ha hecho por otros, puede hacerlo por usted. Ponga su esperanza en Dios, y Él cambiará la situación.

El camino que conduce al divorcio comienza en la mente y el corazón. Si escucha usted los mitos y las mentiras de la cultura, comenzará a creer las mentiras que le rodean, y después se encontrará dirigiéndose hacia territorio peligroso. Las mentiras se acumulan; obrarán en sus sentimientos y finalmente afectarán su percepción de su relación. No pasará mucho tiempo hasta que esas mentiras le conduzcan a "desenamorarse" o a "distanciarse". Proteja su matrimonio de descarrilar y dirigirse hacia el divorcio. Sustituya los mitos sobre la relación por la verdad de la Palabra de Dios. No tiene por qué producirse el divorcio; usted y su cónyuge pueden prevenirlo si reconocen las mentiras culturales, mantienen fuerte su relación con Dios y el uno con el otro, creen que sus promesas se aplican a ustedes, y viven de acuerdo a los planes de Él.

Si permanecen íntimamente conectados a Dios, su matrimonio reflejará intimidad. Dios quiere que honre usted su pacto matrimonial.

Utilice este libro para ayudarle a lograr ese fin. Comenzando hoy, puede usted construir un matrimonio que dure toda la vida.

Estrategias para un matrimonio sano

- Conozca a su enemigo y prepárese para la batalla.
- Recuerde que Dios está de su parte.
- No viva en condenación.
- Búsquelo a Él, y lo encontrará.
- Sintonice la frecuencia de Él.
- Sensibilice su corazón a las cosas de Dios.
- Crea en el Dios de lo posible.

NOTAS

Introducción

1. Barna.org, "Born Again Christians Just as Likely to Divorce as Are Non-Christians," The Barna Update, 8 de septiembre de 2004, http://www.barna.org/FlexPage.aspx?Page=BarnaUpdate&BarnaUpdateID=170 (consultado el 8 de noviembre de 2007).

Capítulo 2

Tres condiciones previas clave para evitar que su matrimonio descarrile

1. Harriet Lerner, *The Dance of Anger* (New York: Harper Paperbacks, 2005).

Capítulo 3

Escape y evite

1. Sheri and Bob Strirtof, "Covenant Marriage Statistics," About.com: Marriage, http://marriage.about.com/cs/covenantmarriage/a/covenant_3.htm (consultado el 4 de enero de 2008).

Capítulo 5

Fantasías de rescate

1. John Gottman, "Why Marriages Fail," *The Family Therapy Networker* (mayo-junio 1994): 41–48.
2. Harriet Lerner, *The Dance of Anger*.
3. Gottman, "Why Marriages Fail."

Capítulo 6

Cómo manejar conflictos

1. Gottman, "Why Marriages Fail."

Capítulo 7

Alejamiento

1. Gottman, "Why Marriages Fail," 41–48.
2. Ibíd.
3. Ibíd.
4. Ibíd.
5. Ibíd.
6. Ibíd.
7. Pat Love, "What Is This Thing Called Love?" *The Family Therapy Networker* (marzo-abril 1999): 34–44.
8. Ibíd.
9. Ibíd.

Capítulo 8

Relaciones de género

1. Cheryl Rampage, "Gendered Aspects of Marital Therapy," *Clinical Handbook of Couple Therapy*, ed. Neil S. Jacobson y Alan S. Gurman (New York: The Guildford Press, 1995), 261–262.
2. Philip Yancey, *The Jesus I Never Knew* (Grand Rapids, MI: Zondervan, 1995).
3. John Gottman and Nan Silver, *The Seven Principles for Making Marriage Work* (New York: Three Rivers Press, 1999), 105.
4. R. T. Hare-Mustin and J. Marecek (Eds.), *Making a Difference: Psychology and the Construction of Gender* (New Haven, CT: Yale University Press, 1990).
5. Gottman, "Why Marriages Fail," 45–47.
6. Ibíd.

Capítulo 10

Infidelidad

1. Edward Laumann et al., *The Social Organization of Sexuality: Sexual Practices in the United States* (Chicago: University of Chicago Press, 1994).
2. Ibíd.
3. K. Choi, J. A. Catania, and M. M. Dolcini, "Extramarital Sex and HIV Risk Behavior Among U.S. Adults: Results From the National AIDS Behavioral Survey," *American Journal of Public Health 84* (1994): 2003–2007.
4. S. R. Beach, E. N. Jouriles, and K. D. O'Leary, "Extramarital Sex: Impact on Depression and Commitment in Couples

Seeking Marital Therapy," *Journal of Sex and Marital Therapy* 11 (1985): 99–108.

Capítulo 11

Gracia barata

1. Charles W. Colson, "A High-Profile Divorce: The Cost of Biblical Faithfulness," *BreakPoint Commentary*, 13 de junio, 2000, http://www.breakpoint.org/listingarticle.asp?ID=4245 (consultado el 12 de febrero de 2008).